utb 6546

utb.

Eine Arbeitsgemeinschaft der Verlage

Brill | Schöningh – Fink · Paderborn
Brill | Vandenhoeck & Ruprecht · Göttingen – Böhlau · Wien · Köln
Verlag Barbara Budrich · Opladen · Toronto
facultas · Wien
Haupt Verlag · Bern
Verlag Julius Klinkhardt · Bad Heilbrunn
Mohr Siebeck · Tübingen
Narr Francke Attempto Verlag – expert verlag · Tübingen
Psychiatrie Verlag · Köln
Psychosozial-Verlag · Gießen
Ernst Reinhardt Verlag · München
transcript Verlag · Bielefeld
Verlag Eugen Ulmer · Stuttgart
UVK Verlag · München
Waxmann · Münster · New York
wbv Publikation · Bielefeld
Wochenschau Verlag · Frankfurt am Main

Alexander Neumann

Grundzüge des Privatrechts

Bürgerliches Recht mit Bezügen zum Handelsrecht

wbv

Gesamtherstellung:
wbv Media, Bielefeld,
Auf dem Esch 4, 33619 Bielefeld,
service@wbv.de
wbv.de

Einbandgestaltung:
siegel konzeption | gestaltung
Umschlagabbildung:
KI-generiert mit ChatGPT

Bestellnummer: utb 6546
ISBN: 978-3-8252-6546-5
e-ISBN: 978-3-8385-6546-0

Online-Angebote oder elektronische Ausgaben sind erhältlich unter www.utb.de

Printed in Germany

Bibliografische Information der Deutschen Nationalbibliothek
Die Deutsche Nationalbibliothek verzeichnet diese Publikation in der Deutschen Nationalbibliografie;
detaillierte bibliografische Daten sind im Internet über http://dnb.d-nb.de abrufbar.

The prophecies of what the courts will do in fact, and nothing more pretentious, are what I mean by the law.

Oliver Wendell Holmes Jr., The Path of the Law, Harvard Law Review, Vol. X (1896/97), 461

Inhalt

Vorwort

Das vorliegende Lehrbuch ist aus der Lehrveranstaltung „Privates Wirtschaftsrecht“ hervorgegangen, die ich an der Hochschule für Wirtschaft und Recht Berlin für den Studiengang „Business Administration“ angeboten habe. Es führt in das Privatrecht ein, wobei der Blick insbesondere auf die ersten drei Bücher des BGB – also den Allgemeinen Teil, das Schuldrecht und das Sachenrecht – sowie die Grundlagen des Handelsrechts gerichtet ist. Beleuchtet werden einzelne Themen, die für das Verständnis des Privatrechts wichtig sind. Vieles ist ausgelassen, manches nur angeschnitten, anderes lediglich im Rahmen eines Exkurses behandelt. Juristische Meinungsstreitigkeiten sind nahezu vollständig ausgespart. Es geht hier, sinnbildlich gesprochen, nur darum, das Laufen zu lernen.

Der potenzielle Leserkreis ergibt sich aus dem soeben erwähnten Entstehungskontext des Buchs. Es richtet sich vornehmlich an Studentinnen und Studenten nichtjuristischer Studiengänge, die sich innerhalb kurzer Zeit einen Überblick über das Privatrecht verschaffen wollen oder müssen.

Wie für jedes juristische Lehrbuch gilt auch für dieses: Man wird es nur gewinnbringend nutzen können, wenn man die darin genannten gesetzlichen Vorschriften sorgfältig liest und den Kontext zur Kenntnis nimmt, in dem sie stehen. Das kann man nicht oft genug sagen. Mir erscheint aber noch ein weiterer, allgemeinerer Hinweis wichtig, nämlich der, dass es auch in einer Zeit des unaufhaltsamen Siegeszugs künstlicher Intelligenz wichtig bleibt, sich, zumal beim Lernen, nach Möglichkeit seines eigenen Verstandes zu bedienen.

In einer Darstellung, die sich an Anfänger richtet, würde idealerweise nichts thematisiert, was nicht schon vorab erklärt worden ist. Dieses Ideal lässt sich aber nicht verwirklichen. Daher kann es für das Verständnis hilfreich sein, das Buch zweimal zu lesen.

Schließlich ist zu beachten: Recht entwickelt sich ständig weiter. Was hier dargestellt ist, kann morgen schon anders sein. Das gilt insbesondere für Rechtsgebiete, in denen es, wie im Verbraucherrecht, eine rege (aktionistische?) Rechtssetzungstätigkeit der Europäischen Union gibt. Mit einem „Europäischen Zivilgesetzbuch“ ist hingegen auf unabsehbare Zeit nicht zu rechnen. Hierfür fehlt der Europäischen Union die Zuständigkeit.

Ich möchte an dieser Stelle dem Verlag für die angenehme Zusammenarbeit danken. Ganz besonders danke ich meiner Frau; ohne ihre Unterstützung würde ich wahrscheinlich gar nicht zum Schreiben kommen.

Zu guter Letzt eine Widmung: Für V. K. und B. K.

Berlin, im Mai 2025

Alexander Neumann

PS: Hinweise und Verbesserungsvorschläge nehme ich gerne unter alexander.neumann.privatrecht@gmx.de entgegen.

Abkürzungsverzeichnis

ABGB	(österreichisches) Allgemeines Bürgerliches Gesetzbuch
Abs.	Absatz
AEUV	Vertrag über die Arbeitsweise der Europäischen Union
AG	Aktiengesellschaft
AGB	Allgemeine Geschäftsbedingungen
AGG	Allgemeines Gleichbehandlungsgesetz
AktG	Aktiengesetz
Alt.	Alternative
Art.	Artikel
Aufl.	Auflage
BGB	Bürgerliches Gesetzbuch
BGH	Bundesgerichtshof
BVerfG	Bundesverfassungsgericht
D.	Digesten (Teil des Corpus Iuris Civilis)
ders.	derselbe
EGBGB	Einführungsgesetz zum BGB
EGHGB	Einführungsgesetz zum Handelsgesetzbuch
EnWG	Energiewirtschaftsgesetz
EU	Europäische Union
EuGH	Gerichtshof der Europäischen Union
EUV	EU-Vertrag
f./ff.	folgende Seite/folgende Seiten usw.

FamFG	Gesetz über das Verfahren in Familiensachen und in den Angelegenheiten der freiwilligen Gerichtsbarkeit
GbR	Gesellschaft bürgerlichen Rechts
GG	Grundgesetz für die Bundesrepublik Deutschland
GmbH	Gesellschaft mit beschränkter Haftung
GmbHG	GmbH-Gesetz
GoA	Geschäftsführung ohne Auftrag
GVG	Gerichtsverfassungsgesetz
HGB	Handelsgesetzbuch
JA	Juristische Arbeitsblätter
JURA	Juristische Ausbildung
JuS	Juristische Schulung
KG	Kommanditgesellschaft
lat.	lateinisch
NJW	Neue Juristische Wochenschrift
NJW-RR	NJW-Rechtsprechungs-Report
PBefG	Personenbeförderungsgesetz
PflVG	Pflichtversicherungsgesetz
Rn.	Randnummer/Randnummern
StGB	Strafgesetzbuch
StPO	Strafprozessordnung
StudZR	Studentische Zeitschrift für Rechtswissenschaft
StVG	Straßenverkehrsgesetz
StVO	Straßenverkehrsordnung
UA	Unterabsatz
ZPO	Zivilprozessordnung

Erster Teil

Einleitung: Einführung in das Recht, insbesondere das Privatrecht

§ 1 Was ist Recht?

Fragt man Laien, was „Recht" ist,[1] wird häufig auf „die Gesetze" verwiesen. Das ist natürlich nicht falsch, greift aber zu kurz.

I. Stufenbau der Rechtsordnung

Recht organisiert und steuert. Die zu diesem Zweck erlassenen Vorschriften stehen nicht lose nebeneinander. Es gibt einen Stufenbau der Rechtsordnung. Man kann diesen – vereinfacht – wie folgt darstellen:

1. Recht der Europäischen Union

Das Recht der Europäischen Union ist unterteilt in Primärrecht und Sekundärrecht. Zum Primärrecht gehören insbesondere der EU-Vertrag (EUV) und der Vertrag über die Arbeitsweise der Europäischen Union (AEUV).[2] Sie bilden die Grundlage der EU. So steht es in Art. 1 Abs. 3 Satz 1 EUV. Das Sekundärrecht besteht u. a. aus Verordnungen (Art. 288 Abs. 2 AEUV) und Richtlinien (Art. 288 Abs. 3 AEUV). Verordnungen gelten unmittelbar, Richtlinien müssen von den Mitgliedstaaten in nationales Recht umgesetzt werden. Im Grundsatz genießt Unionsrecht Anwendungsvorrang vor nationalem Recht. Anwendungsvorrang bedeutet, dass EU-Recht das nationale Recht innerhalb des jeweiligen Anwendungsbereichs der Unionsrechtsnorm verdrängt. Die nationale Rechtsnorm ist nicht etwa nichtig. Sie bleibt anwendbar, wenn sie sich auf unionsrechtlich nicht erfasste Sachverhalte bezieht. Ohne den Anwendungsvorrang ließe sich die in Recht gegossene Politik der EU nicht durchsetzen.

Über die Auslegung des Unionsrechts entscheidet letztverbindlich der Gerichtshof der Europäischen Union (EuGH). Letztinstanzlich entscheidende natio-

---

1 Auf diese Frage gibt es – bis heute – auch unter Fachleuten keine allgemein anerkannte Antwort: „Few questions concerning human society have been asked with such persistence and answered by serious thinkers in so many diverse, strange and even paradoxical ways as the question ‚What is law?'" H. L. A. Hart, The Concept of Law, 3. Aufl. 2012, S. 1.

2 Vertrag von Lissabon vom 13.12.2007.

nale Gerichte haben bei Auslegungszweifeln eine Pflicht zur Vorlage beim EuGH (Art. 267 Abs. 3 AEUV), andere Gerichte eine Berechtigung hierzu (Art. 267 Abs. 2 AEUV).

2. Verfassung

Die Verfassung der Bundesrepublik Deutschland ist das Grundgesetz (GG).[3] Es enthält Bestimmungen zu den Grundrechten (etwa Menschenwürde, Religionsfreiheit, Meinungsfreiheit) und zur Staatsorganisation (Bund und Länder, Bundestag, Bundesrat usw.). Das Verfassungsrecht hat Vorrang gegenüber dem sonstigen (nationalen) Recht. Das ergibt sich aus Art. 1 Abs. 3 und Art. 20 Abs. 3 GG:

> Art. 1 Abs. 3 GG: Die [...] Grundrechte binden Gesetzgebung, vollziehende Gewalt und Rechtsprechung als unmittelbar geltendes Recht.

> Art. 20 Abs. 3 GG: Die Gesetzgebung ist an die verfassungsmäßige Ordnung, die vollziehende Gewalt und die Rechtsprechung sind an Gesetz und Recht gebunden.

Im Grundgesetz sind Vorkehrungen getroffen, die seinen Fortbestand sichern sollen. Art. 79 Abs. 3 GG verbietet die Änderung bestimmter Verfassungsgrundsätze (sog. Ewigkeitsklausel). Art. 20 Abs. 4 GG gibt, wenn andere Abhilfe nicht möglich ist, allen Deutschen das Recht zum Widerstand gegen jeden, der es unternimmt, die freiheitlich-demokratische Grundordnung zu beseitigen.

Klar ist jedoch, dass jede Verfassungsordnung ohne hinreichenden gesellschaftlichen Rückhalt über kurz oder lang zum Scheitern verurteilt ist. Verfassungsnormen können daran nichts ändern.

3. (Einfache) Gesetze

Im Rang unter der Verfassung stehen die (Parlaments-)Gesetze des Bundes, wie beispielsweise das Bürgerliche Gesetzbuch (BGB) oder das Strafgesetzbuch (StGB).[4] Gesetze können verfassungswidrig und damit nichtig sein. Die Verwerfungskompetenz liegt beim Bundesverfassungsgericht, wie sich etwa aus Art. 100 Abs. 1 GG ergibt.

---

3 Grundgesetz für die Bundesrepublik Deutschland vom 23.5.1949. Die Bezeichnung „Grundgesetz" wurde gewählt, weil man an der Idee der Einheit Deutschlands festhielt und es daher als bloßes Provisorium ansah.

4 BGB und StGB sind zwar in Teilen älter als das Grundgesetz, mittlerweile aber auch insoweit in den Willen des Bundesgesetzgebers aufgenommen.

4. Untergeordnete Rechtsvorschriften

Darunter gibt es weitere Rechtsvorschriften, z. B. Rechtsverordnungen (Straßenverkehrsordnung [StVO] usw.). Auch diese müssen den Vorgaben übergeordneter Vorschriften genügen.

5. Ein weiteres Element: Das Landesrecht

Noch komplizierter werden die Dinge dadurch, dass es neben Bundesrecht auch Landesrecht gibt. Gemäß Art. 31 GG „bricht“ Bundesrecht das Landesrecht.

II. Naturrecht, Gerechtigkeit, Unrechtsgesetze?

> „Ein Gefühl, oft nicht nur in eigener Sache, gibt einem Entscheid doch oft unrecht. Er mag sogar unbefangen, unparteiisch sein, und doch: wurde hier recht gemessen? Vor allem, was eichte das Maß selber und zwar einleuchtend [...]?.“[5]

Mit dem Begriff „Unrechtsgesetze“ werden bisweilen formal ordnungsgemäß zustande gekommene Gesetze bezeichnet, die „Unrecht“ enthalten.

Bekannt ist die sog. Radbruch'sche Formel[6], die 1946 unter dem unmittelbaren Eindruck der soeben zusammengebrochenen nationalsozialistischen Herrschaft entstanden ist:

> „Der Konflikt zwischen der Gerechtigkeit und der Rechtssicherheit dürfte dahin zu lösen sein, daß das positive, durch Satzung und Macht gesicherte Recht auch dann den Vorrang hat, wenn es inhaltlich ungerecht und unzweckmäßig ist, es sei denn, daß der Widerspruch des positiven Gesetzes zur Gerechtigkeit ein so unerträgliches Maß erreicht, daß das Gesetz als ‚unrichtiges Recht‘ der Gerechtigkeit zu weichen hat.“

Im zweiten Teil der zitierten Passage findet sich ein Rest „überpositiven Rechts“ bzw. Naturrechts, auf das auch in dem oben wiedergegebenen Text von Ernst Bloch Bezug genommen wird. Naturrecht hat eine ca. 2.500 Jahre alte Tradition. Es hat verschiedene Versuche gegeben, zu definieren, was Naturrecht ist. Einer dieser Versuche, der ebenfalls aus der Zeit der „Wiedergeburt des Naturrechts“ nach dem Ende des Nationalsozialismus stammt, lautet:

---

5 Ernst Bloch, Naturrecht und menschliche Würde, 1961, S. 16. Bloch (1885–1977) war ein neomarxistischer Philosoph.

6 Aus dem Aufsatz „Gesetzliches Unrecht und übergesetzliches Recht“, zuerst veröffentlicht in SJZ (Süddeutsche Juristen-Zeitung) 1946, 105 ff. Erneut abgedruckt in Gustav Radbruch, Rechtsphilosophie, herausgegeben von Ralf Dreier und Stanley L. Paulson, 2. Aufl. 2003, S. 211 ff. (das Zitat S. 216). Gustav Radbruch (1878–1949), Rechtswissenschaftler, Politiker und Reichsminister der Justiz in der Weimarer Republik.

„[Naturrecht ist] ein höheres Recht, das auf alle unsere Fragen Antwort weiß, das dem positivistischen [d. h. von Menschen gesetzten] Recht den Spiegel vorhält, ein ‚richtiges' Recht, in dem sich unser Rechtsbewußtsein, das unmittelbar evidente Gefühl für Recht und Unrecht, erfüllt. Es ist Recht im höchsten Sinne. Es steht über allem positivistischen Recht. Es ist sein Richtmaß und Gewissen, es ist der König der Gesetze, die Norm der Normen."[7]

Naturrecht soll also über dem von Menschen gesetzten Recht stehen. So weit, so klar. Aber was ist eigentlich unter „Natur" zu verstehen, was bestimmt den Inhalt des Naturrechts? Die Natur des Menschen? Was ist damit gemeint? Dass sich der Stärkere durchsetzt? Oder das im zitierten Text genannte Rechtsgefühl? Die Vernunft? Wenn ja: Was ist vernünftig? Der Naturrechtler agiert letztlich wie ein Zauberer, und dieser holt aus seinem Hut nur das heraus, was er zuvor hineingelegt hat.[8] Das Naturrecht ist zudem ein zweischneidiges Schwert: Man kann damit eine bestehende Rechtsordnung legitimieren (bewahrendes Naturrecht) oder sich gegen eine Rechtsordnung auflehnen (forderndes Naturrecht). Wer sich in einem demokratischen Rechtsstaat unter Berufung auf Naturrecht gegen die bestehende Rechtsordnung erhebt, will ggf. Gerechtigkeitsvorstellungen einer Minderheit gegen die Mehrheit durchsetzen. Die Gefahr liegt auf der Hand.

Die Problematik dürfte insbesondere durch die Grundrechte, die das Grundgesetz gewährt, keine praktische Bedeutung mehr haben. Dort sind zentrale Gerechtigkeitsvorstellungen unseres Kulturkreises Gesetz geworden. Allerdings lädt der (notwendig) wenig präzise Wortlaut der Vorschriften im Grundrechtsteil des Grundgesetzes zu ähnlichem „Zauber" ein wie das naturrechtliche Denken:

„We are under a constitution, but the constitution is what the judges say it is."[9]

III. Die Lösung im demokratischen Rechtsstaat

Im demokratischen Rechtsstaat muss entscheidend sein, was der (Verfassungs-)Gesetzgeber festgelegt hat. Die Maxime dazu lautet: „Wille statt (behaupteter) Wahrheit".

7 Heinrich Mitteis, Über das Naturrecht, 1948, S. 7. Mitteis (1889–1952) war Rechtswissenschaftler und Rechtshistoriker.

8 Das Bild findet sich etwa bei Uwe Wesel, Juristische Weltkunde, hier zitiert nach der 8. Aufl. 2000, S. 73.

9 Charles Evans Hughes, Addresses and Papers of Charles Evans Hughes usw., 1908, S. 139. Hughes (1862–1948) war amerikanischer Politiker, Jurist und Vorsitzender Richter (Chief Justice) am Obersten Gerichtshof der USA (Supreme Court of the United States). Die Kenntnis des Zitats verdanke ich Bernd Rüthers/Christian Fischer/Axel Birk, Rechtstheorie, Rn. 241, jetzt 12. Aufl. 2022.

IV. Bedeutung der Gerichte

Für die Rechtspraxis legen die Gerichte fest, was gilt. Ein Rechtsanwalt, der einen Mandanten berät, wird sich in der Regel an der Rechtsprechung der (höchsten) Gerichte orientieren. Insoweit gilt das diesem Buch vorangestellte Zitat von Oliver Wendell Holmes Jr.[10] Auch den meisten Lesern dieses Buchs dürfte zu empfehlen sein, jenes Motto in ihrer späteren beruflichen Praxis zu beherzigen.

V. Wichtige (weitere) Einflussfaktoren

Auf die Entwicklung des Rechts nehmen (auch) die Rechtswissenschaft und die öffentliche Meinung, Letztere vor allem über die Medien, Einfluss. Sie können den Gesetzgeber zum Tätigwerden veranlassen. Das gelingt freilich nur in einem – einigermaßen – funktionierenden freiheitlichen Rechtsstaat.

VI. Abgrenzung zu Sitte bzw. Moral

Recht einerseits sowie Sitte und Moral andererseits sind voneinander zu trennen; das Recht ist im Grundsatz „autonom“.[11] Allerdings nehmen Gesetze gelegentlich hierauf Bezug, so etwa, wenn es in § 138 Abs. 1 BGB heißt, dass ein gegen die guten Sitten verstoßendes Rechtsgeschäft nichtig ist. Selbstverständlich können Sitte und Moral auch im Vorfeld von Gesetzesvorhaben bedeutsam werden.

VII. Zudem: Gewohnheitsrecht

Gewohnheitsrecht ist ungeschriebenes Recht. (Mindest-)Voraussetzung ist eine dauerhafte tatsächliche Übung in der Rechtsgemeinschaft, die von einem Rechtsgeltungswillen getragen wird. Gewohnheitsrecht ist heute – eine Ausnahme gilt insbesondere für das Völkerrecht – kaum noch relevant.

Weiterführende Literatur:

Klaus Adomeit/Susanne Hähnchen, Rechtstheorie mit Juristischer Methodenlehre, 7. Aufl. 2018, Rn. 5 ff. (Was ist Recht?) und Rn. 50 ff. (Stufenbau der Rechtsordnung)

Hans Brox/Wolf-Dietrich Walker, Allgemeiner Teil des BGB, 48. Aufl. 2024, § 1 Rn. 1–9

Norbert Hoerster, Was ist Recht?, 2. Aufl. 2013

Hasso Hofmann, Einführung in die Rechts- und Staatsphilosophie, 5. Aufl. 2011 (insbes. §§ 1–6: Was ist Recht?)

10 1841–1935. Amerikanischer Jurist und Richter am Obersten Gerichtshof der USA, Vertreter des sog. amerikanischen Rechtsrealismus.

11 Der Gedanke eines berechenbaren autonomen Rechts, der seine Wurzeln im antiken Rom hat, ist ein ganz wesentliches Merkmal der westlichen Zivilisation.

Bernd Rüthers, Das Ungerechte an der Gerechtigkeit, 3. Aufl. 2009
ders., Die heimliche Revolution vom Rechtsstaat zum Richterstaat, 2. Aufl. 2016
Thorsten Ingo Schmidt, Der Stufenbau der Rechtsordnung, Juristische Ausbildung (JURA) 2020, 896 ff.
Uwe Wesel, Juristische Weltkunde, 8. Aufl. 2000, S. 35 ff. (Was ist Recht?) und S. 59 ff. (Naturrecht).

Bei der angegebenen Literatur handelt es sich, hier wie im Folgenden, natürlich nur um eine (sehr subjektive) Auswahl. Mit Blick auf die Zielgruppe des Buchs ist (fast) nur Basisliteratur genannt.

§ 2 Objektives und subjektives Recht

Die Rechtsordnung enthält verbindliche Regeln für das gesellschaftliche Miteinander. Sie verleiht dem Einzelnen aber auch die Befugnis, seine Interessen in dem von ihr gesetzten Rahmen zu verfolgen und durchzusetzen.

I. Objektives Recht

Unter objektivem Recht versteht man die Summe aller Rechtsnormen, die Gesamtheit der Rechtsordnung.

II. Subjektives Recht

Ein subjektives Recht ist die individuelle Berechtigung einer Person, z. B. ein aus der objektiven Rechtsordnung folgender Anspruch des Einzelnen (des „Subjekts"): „Ich habe einen Anspruch auf Kaufpreiszahlung, auf Schadensersatz usw." Dem Einzelnen wird die Rechtsmacht verliehen, seine Interessen zu verfolgen und sie erforderlichenfalls vor Gericht durchzusetzen.

Es gibt verschiedene Arten subjektiver Rechte:

- Absolute Rechte
  Absolute Rechte richten sich gegen jedermann.
  Beispiel: Jeder muss das Eigentum des anderen respektieren (vgl. § 903 BGB), bei Eigentumsverletzungen wird in der Regel Schadensersatz geschuldet (z. B. § 823 Abs. 1 BGB).
  Absolute Rechte lassen sich unterteilen in:
  - Persönlichkeitsrechte (z. B. Schutz der körperlichen Integrität/Existenz)
  - Herrschaftsrechte (z. B. das Eigentum)
- Relative Rechte
  Relative Rechte richten sich nur gegen bestimmte Personen.

Beispiel: Aus einem Kaufvertrag ist der Käufer dem Verkäufer gegenüber verpflichtet und umgekehrt (§ 433 BGB).

Relative Rechte sind etwa:

- Ansprüche, also das Recht, von einem anderen ein Tun oder Unterlassen zu verlangen (siehe die Legaldefinition in § 194 Abs. 1 BGB).
- Gestaltungsrechte, d. h. die Befugnis, auf die Rechtslage einzuwirken (z. B. durch Anfechtung einer Willenserklärung wegen Irrtums gemäß §§ 119 ff. BGB).

Das alles mag banal klingen. Wie ein Blick in die Geschichte zeigt, trifft das jedoch nicht zu. Nationalsozialistischen Rechtswissenschaftlern war das subjektive Recht ein Dorn im Auge. So wurde vorgeschlagen, die Frage, ob jemandem ein subjektives Recht zustehe, von einer Abwägung mit den Interessen der „Volksgemeinschaft“ abhängig zu machen. Beispiel: Weil der Erbhofbauer zur Ernährung der Bevölkerung verpflichtet sei, sei sein Hof kein Eigentum (über das er frei verfügen kann, § 903 BGB), sondern (bloßes) „Eigen“, das unter dem Vorbehalt der Verwendung zugunsten der Volksgemeinschaft stehe.[12] Die allgemeine Formel lautete: „Du bist nichts, dein Volk ist alles.“

Weiterführende Literatur:

Klaus Adomeit/Susanne Hähnchen, Rechtstheorie mit Juristischer Methodenlehre, 7. Aufl. 2018, Rn. 56

Hans Brox/Wolf-Dietrich Walker, Allgemeiner Teil des BGB, 48. Aufl. 2024, § 28 Rn. 10 ff.

Dieter Medicus/Jens Petersen, Grundwissen zum Bürgerlichen Recht, 13. Aufl. 2024, § 3 Rn. 17–19

Astrid Stadler, Allgemeiner Teil des BGB, 21. Aufl. 2022, §§ 4 f.

§ 3 Öffentliches Recht und Privatrecht

„Publicum ius est quod ad statum rei Romanae spectat, privatum quod ad singulorum utilitatem.“[13]

Übersetzung: „Öffentliches Recht ist dasjenige Recht, das sich auf die Ordnung des römischen Staatswesens bezieht, Privatrecht das, was dem Interesse der Einzelnen dient.“

---

12 Hans-Peter Haferkamp, Das BGB, 2. Aufl. 2023, S. 212 ff.

13 Ulpian, D. 1,1,1,2, Anfang 3. Jh. n. Chr. D. 1,1,1,2 = Buch 1 der Digesten (von lat. *digerere* = ordnen, zusammenstellen), Titel 1, Fragment 1, § 2. Die Digesten bilden den zweiten Teil des (erst seit dem 16. Jh. sog.) Corpus Iuris Civilis. Sie sind in den Jahren 530–533 n. Chr. entstanden und enthalten Auszüge aus Schriften römischer Juristen der späten Republik und der Kaiserzeit. – Für Interessierte: Ein kurzer, aber sehr informativer Überblick über das römische Recht findet sich bei Ulrich Manthe, Geschichte des römischen Rechts, 6. Aufl. 2019.

Wie das Zitat zeigt, bemüht man sich schon seit Langem um eine Abgrenzung zwischen öffentlichem Recht und Privatrecht.

Man kann sich der Abgrenzungsfrage grob durch die Vorstellung nähern, dass das Privatrecht die Beziehungen zwischen gleichgeordneten Rechtssubjekten zum Gegenstand hat und es im öffentlichen Recht um Über- bzw. Unterordnungsverhältnisse geht. Zielführender ist es (in der Regel), zu fragen, ob eine Rechtsvorschrift einen Träger hoheitlicher Gewalt einseitig berechtigt oder verpflichtet („Sonderrechtstheorie"). Ist das der Fall, gehört die Vorschrift zum öffentlichen Recht.

Beispiel:
§ 17 Abs. 1 des Allgemeinen Gesetzes zum Schutz der öffentlichen Sicherheit und Ordnung in Berlin (ASOG):

> Die Ordnungsbehörden und die Polizei können die notwendigen Maßnahmen treffen, um eine im einzelnen Falle bestehende Gefahr für die öffentliche Sicherheit oder Ordnung abzuwehren [...].

Hier wird ein Träger hoheitlicher Gewalt, nämlich die Ordnungsbehörden bzw. die Polizei, einseitig zum Tätigwerden berechtigt – und nach Lage des Falles ggf. verpflichtet. Die Vorschrift gehört daher dem öffentlichen Recht an. Privatrechtlichen Charakter haben dagegen die Vorschriften des BGB, etwa § 433, der die wesentlichen Pflichten beim Kauf zum Gegenstand hat.

Nicht zum Privatrecht gehören:

- Völkerrecht
  Das Völkerrecht betrifft die Rechtsbeziehungen zwischen Staaten und sonstigen Völkerrechtssubjekten.
- Staatsrecht
  Hier geht es um die Grundrechte sowie die Staatsorganisation auf Bundes- und Landesebene.
- Verwaltungsrecht (Polizeirecht, Baurecht usw.)
- Strafrecht
  Das Strafrecht ist ein besonderer Teil des öffentlichen Rechts.
- Prozessrecht (Gerichtsverfassungsgesetz [GVG], Zivilprozessordnung [ZPO], Strafprozessordnung [StPO] etc.)

Die Abgrenzung zwischen öffentlichem Recht und Privatrecht hat praktische Bedeutung, z. B. für den Rechtsweg, exemplarisch:

- § 13 GVG bestimmt u. a., dass die ordentlichen Gerichte (Amtsgerichte, Landgerichte, Oberlandesgerichte, Bundesgerichtshof) für bürgerliche Rechtsstreitigkeiten zuständig sind.
- Gemäß § 40 Abs. 1 Satz 1 der Verwaltungsgerichtsordnung (VwGO) ist hingegen bei öffentlich-rechtlichen Streitigkeiten nichtverfassungsrechtlicher Art grundsätzlich der Verwaltungsrechtsweg gegeben (Verwaltungsgerichte, Oberverwaltungsgerichte bzw. Verwaltungsgerichtshöfe, Bundesverwaltungsgericht).

Weiterführende Literatur:

Hans Brox/Wolf-Dietrich Walker, Allgemeiner Teil des BGB, 48. Aufl. 2024, § 1 Rn. 10 ff.

Florian Jacoby, Zivilprozessrecht, 18. Aufl. 2022, Rn. 188 ff.

Wolfgang Lüke, Zivilprozessrecht I, 11. Aufl. 2020, Rn. 51 ff.

Wolf-Rüdiger Schenke, Verwaltungsprozessrecht, 18. Aufl. 2023, § 3.

§ 4 Materielles Recht und Verfahrensrecht bzw. Prozessrecht

Das materielle Recht bezieht sich auf die Frage, ob jemandem ein Recht zusteht: Habe ich einen Anspruch auf Kaufpreiszahlung usw.? Eine Antwort darauf gibt u. a. das BGB. Das Prozessrecht (geregelt z. B. im GVG und der ZPO) hat hingegen die Frage zum Gegenstand, wie dieses Recht durchgesetzt werden kann.

Es geht also um „Recht haben" einerseits und „Recht bekommen" andererseits.

Dass man Recht bekommen muss, bedeutet zugleich, dass man es sich – in aller Regel – nicht eigenmächtig verschaffen darf. Selbsthilfe ist nahezu vollständig verboten. Das kommt in § 229 BGB deutlich zum Ausdruck:

> Wer zum Zwecke der Selbsthilfe eine Sache wegnimmt, zerstört oder beschädigt oder wer zum Zwecke der Selbsthilfe einen Verpflichteten, welcher der Flucht verdächtig ist, festnimmt oder den Widerstand des Verpflichteten gegen eine Handlung, die dieser zu dulden verpflichtet ist, beseitigt, handelt nicht widerrechtlich, wenn obrigkeitliche Hilfe nicht rechtzeitig zu erlangen ist und ohne sofortiges Eingreifen die Gefahr besteht, dass die Verwirklichung des Anspruchs vereitelt oder wesentlich erschwert werde.

Nur dann, wenn staatliche Hilfe nicht rechtzeitig herbeigeholt werden kann und das Risiko besteht, dass die Durchsetzung eines eigenen Rechts ohne eigenmächtiges Handeln zumindest sehr erschwert würde, kommt Selbsthilfe in Betracht.

Bei Streitigkeiten vor Gericht ist die Rechtslage nicht selten unzweifelhaft, nicht aber das tatsächliche Geschehen, über das ggf. Beweis zu erheben ist. Siehe zum Ganzen etwa §§ 138, 286 f., 355 ff. ZPO (Beweismittel sind: Sachverständiger, Augenschein, Partei, Urkunde, Zeuge; Merkformel: SAPUZ).

Überhaupt steckt der praktisch tätige Jurist weit tiefer in den Tatsachen, als es im Studium üblicherweise vermittelt wird. Neben der Rechtsanwendung kommt also auch der sorgfältigen Sachverhaltsfeststellung große Bedeutung zu.

Abschließend ein Überblick über den Instanzenzug: Ein Zivilprozess beginnt in aller Regel entweder vor dem Amts- oder dem Landgericht (sehr selten vor dem Oberlandesgericht). Wann das Amts- und wann das Landgericht erstinstanzlich zuständig ist, ergibt sich aus §§ 23, 71 GVG. Soweit sich die Zuständigkeit nach dem Streitwert richtet, ist bis zu einem Streitwert von derzeit 5.000 € das Amtsgericht zuständig (geplant ist eine Erhöhung auf 10.000 €). Es gibt aber auch streitwertunabhängige Zuständigkeiten. So ist das Amtsgericht etwa immer zuständig für Streitigkeiten über Ansprüche aus einem Mietverhältnis über Wohnraum (§ 23 Nr. 2a GVG), das Landgericht z. B. für Staatshaftungsansprüche (§ 71 Abs. 2 Nr. 2 GVG). Rechtsmittelgericht (hier geht es um Berufungen gegen Urteile bzw. Beschwerden gegen Beschlüsse) ist, wenn das Amtsgericht erstinstanzlich entschieden hat, das Landgericht, anderenfalls das Oberlandesgericht (§§ 72, 119 Abs. 1 Nr. 2 GVG). Revisions- und Rechtsbeschwerdegericht („dritte Instanz") ist der Bundesgerichtshof (§ 133 GVG). Das Bundesverfassungsgericht ist nicht als weitere Instanz in diesem Gefüge konzipiert. Es hat die Aufgabe, im Streitfall in den ihm zugewiesenen Verfahren die Normen des Grundgesetzes verbindlich auszulegen (Art. 93 GG). Es ist der „Hüter der Verfassung".

Weiterführende Literatur:

Florian Jacoby, Zivilprozessrecht, 18. Aufl. 2022.
Wolfgang Lüke, Zivilprozessrecht I, 11. Aufl. 2020.

§ 5 Gebiete des Privatrechts

I. Bürgerliches Recht

Das Bürgerliche Recht ist die Grundlage des Privatrechts. Es ist der Teil des Privatrechts, der prinzipiell für jedermann (für jeden „Bürger") gilt. Das wichtigste

Gesetz ist das BGB, das vielfach auf Grundsätzen des römischen Rechts beruht.[14] Es ist am 1. Januar 1900 in Kraft getreten. Konkrete Vorarbeiten hatte es bereits seit 1873 (!) gegeben. Seit seinem Inkrafttreten ist das BGB häufig, in manchen Bereichen grundlegend, geändert worden.[15]

Die Sprache vieler Vorschriften des BGB ist – dem Alter des Gesetzes geschuldet – recht antiquiert. Ein gutes Beispiel ist § 164 Abs. 2. Auch sonst ist es für Laien nur schwer verständlich. Das liegt daran, dass es ein Gesetzbuch war (und im Grundsatz auch noch ist), das von Fachleuten für Fachleute geschrieben wurde. Das Zivilgesetzbuch der DDR von 1975 beispielsweise (zuvor war in der DDR, wenn auch zunehmend „ausgehöhlt", noch das BGB in Kraft) hat sich demgegenüber um mehr Laienverständlichkeit bemüht. Solche Bestrebungen gehen allerdings regelmäßig auf Kosten der Genauigkeit.

Neben das BGB treten weitere Gesetze des allgemeinen Privatrechts, etwa das Straßenverkehrsgesetz (StVG) oder das Wohnungseigentumsgesetz (WEG).

II. Sonderprivatrecht

Zusätzlich gibt es das Sonderprivatrecht. Beispiele:

- Das Handelsrecht, geregelt insbesondere im Handelsgesetzbuch (HGB), das zusammen mit dem BGB am 1. Januar 1900 in Kraft getreten ist, ist das Sonderprivatrecht der Kaufleute.
- Das Sonderprivatrecht der Arbeitgeber und Arbeitnehmer ist das Arbeitsrecht. Zu unterscheiden ist zwischen Individual- und Kollektivarbeitsrecht. Das Individualarbeitsrecht hat die Rechtsbeziehungen zwischen dem Arbeitgeber und dem einzelnen Arbeitnehmer zum Gegenstand (z. B.: „Ist die Kündigung wirksam?"). Das Kollektivarbeitsrecht hingegen umfasst u. a. das Recht der Koalitionen (z. B. das Arbeitskampfrecht).

III. Ineinandergreifen

Ohne die Kenntnis des Bürgerlichen Rechts lässt sich das Sonderprivatrecht nicht erfassen.

Zum besseren Verständnis für das Ineinandergreifen der Materien ein einfaches **Beispiel**: Die Regeln über Kaufverträge (§§ 433 ff. BGB) gelten im Grundsatz auch für Kaufleute (§§ 1 ff. HGB). Ist aber der Kaufvertrag für beide Vertragsparteien ein Handelsgeschäft (§§ 343 f. HGB), trifft den Käufer eine Untersuchungs- und Rügeobliegenheit. Das ergibt sich aus § 377 HGB. Unterlässt er die

---

14 Die Rede vom „römischen Recht" ist sehr grob. Die Frage kann hier aber nicht vertieft werden.

15 Zur Vorgeschichte und der Geschichte des BGB: Hans-Peter Haferkamp, Das BGB, 2. Aufl. 2023.

Rüge, gilt die Ware als genehmigt, sodass er keine Gewährleistungsrechte (§§ 434 ff. BGB: Nacherfüllung, Rücktritt usw.) geltend machen kann. Dahinter steht der Gedanke, dass Handelsgeschäfte zügig abgewickelt werden sollen.

IV. „Privates Wirtschaftsrecht"

Bürgerliches Recht und Sonderprivatrecht regeln in weiten Teilen die privaten Rechtsbeziehungen der am Wirtschaftsleben Beteiligten. Man kann insoweit von „privatem Wirtschaftsrecht" sprechen.

Weiterführende Literatur:

Hans Brox/Wolf-Dietrich Walker, Allgemeiner Teil des BGB, 48. Aufl. 2024, § 1 Rn. 14 ff.

Astrid Stadler, Allgemeiner Teil des BGB, 21. Aufl. 2022, § 1 Rn. 2 ff.

§ 6 Aufbau und Sprache des BGB

I. Aufbau

Das BGB besteht aus fünf „Büchern":

- Buch 1: Allgemeiner Teil (§§ 1–240)
- Buch 2: Schuldrecht (§§ 241–853)
  Das Schuldrecht hat die rechtlichen Beziehungen zwischen Personen (etwa aufgrund Vertrags, z. B. Kauf, oder Gesetzes, z. B. Delikt) zum Gegenstand.
- Buch 3: Sachenrecht (§§ 854–1296)
  Gegenstand des Sachenrechts sind der Besitz und die Rechte an Sachen, z. B. das Eigentum.
- Buch 4: Familienrecht (§§ 1297–1921)
- Buch 5: Erbrecht (§§ 1922–2385)

In der vorliegenden Darstellung geht es um Grundzüge der Bücher 1–3.

> Das BGB ist geprägt vom Klammerprinzip: Dessen offensichtlichste Ausprägung ist, dass das, was grundsätzlich für alle weiteren Bücher gilt, im „Allgemeinen Teil" (Buch 1) steht.

Der Allgemeine Teil „verschlankt" dadurch die Besonderen Teile. Das Prinzip setzt sich innerhalb der einzelnen Bücher fort, z. B. in Buch 2: „Allgemeiner Teil des Schuldrechts“ in §§ 241–432 BGB, „Besonderer Teil des Schuldrechts“ in §§ 433–853 BGB.

Eine Folge des Klammerprinzips ist, dass man für die Lösung eines Falls oft Vorschriften aus mehreren Teilen des BGB berücksichtigen muss. Jedenfalls für Anfänger macht das die Dinge nicht einfacher.

II. Sprache

Die Sprache des BGB weist einen hohen Abstraktionsgrad auf. Begriffe wie Person, Sache, Eigentum und Schuldverhältnis dienen dazu, die unendliche Vielfalt des Lebens juristisch einzufangen und auf wenige Grundformen zurückzuführen, um auf dieser Grundlage berechenbare Ergebnisse erzielen zu können, an denen nicht zuletzt die Wirtschaft großes Interesse hat.

Weiterführende Literatur:

Hans Brox/Wolf-Dietrich Walker, Allgemeiner Teil des BGB, 48. Aufl. 2024, § 2 Rn. 19 ff.

Astrid Stadler, Allgemeiner Teil des BGB, 21. Aufl. 2022, § 1 Rn. 8 ff.

§ 7 Wesentliche Grundgedanken des BGB

I. Privatautonomie

1. Die Privatautonomie und ihre Grenzen

Der historische Gesetzgeber des BGB ging im Grundsatz davon aus, dass Gleichheit und Freiheit dazu führen, dass jeder seine privaten (Rechts-)Verhältnisse selbst ausreichend organisieren kann. Wenn jeder in diesem Rahmen versuche, das Beste für sich „herauszuholen“, diene das regelmäßig auch der Gesamtgesellschaft (Liberalismus). Der Gesetzgeber war aber nicht naiv. Schon das BGB von 1900 enthielt soziale Komponenten (z. B. „Missbrauchsvorschriften“ wie §§ 226, 826 BGB, ein Kündigungsrecht des Mieters wegen Gesundheitsgefährdung [§ 544 BGB in der Fassung von 1900], Schutzvorschriften zugunsten von Arbeitnehmern [§§ 617–619 BGB]). Situationsgebundene Anpassungen behielt man insbesondere Gesetzen außerhalb des BGB vor.

Vor dem Hintergrund des Liberalismus ist auch der Grundsatz der Privatautonomie zu sehen.

Privatautonomie bedeutet, dass jedem die Möglichkeit gegeben wird, seine rechtlichen Verhältnisse eigenverantwortlich zu gestalten.

Sie hat verschiedene Ausprägungen:

- Vertragsfreiheit, § 311 Abs. 1 BGB
  Darüber, ob (Abschlussfreiheit) und mit welchem Inhalt (Gestaltungsfreiheit) ein Vertrag geschlossen wird, entscheidet grundsätzlich jeder selbst. Das im Grundgesetz gewährleistete Recht auf freie Entfaltung der Persönlichkeit (Art. 2 Abs. 1 GG) schließt die Vertragsfreiheit ein.
- Eigentumsfreiheit, § 903 BGB
  Was mit dem Eigentum geschieht, bestimmt der Eigentümer. Das Grundgesetz gewährleistet den Eigentumsschutz in Art. 14.
- Testierfreiheit, § 1937 BGB
  Hier geht es um die Frage, was nach dem Tod mit dem eigenen Vermögen geschehen soll. Der verfassungsrechtliche Schutz erfolgt ebenfalls über Art. 14 GG.
- Vereinigungsfreiheit, Art. 9 Abs. 1 GG
  Gewährleistet ist hier das Recht, Vereine und Gesellschaften zu bilden.

Als das BGB im Jahr 1900 in Kraft trat, galt die Verfassung des Deutschen Reichs vom 16. April 1871. Einen Grundrechtsteil enthielt sie nicht. Etwas anderes galt zwar für manche Verfassung der Bundesstaaten, etwa Preußens. Sie schützte z. B. das Eigentum. Die praktische Wirksamkeit dieser Grundrechte war aber eher gering. Insoweit hatten die Gewährleistungen des BGB verfassungsersetzenden Charakter. Unter dem Grundgesetz hingegen ist die Privatautonomie in ihren verschiedenen Ausprägungen, wie oben ausgeführt, verfassungsrechtlich abgesichert.

Wo es einen Grundsatz – hier: der Privatautonomie – gibt, gibt es auch Ausnahmen:[16]

Rechtliche Gleichheit kann über tatsächliche Ungleichheit nicht hinwegtäuschen:

> Die majestätische Gleichheit der Gesetze verbietet es den Reichen wie den Armen, auf den Straßen zu betteln, unter den Brücken zu schlafen und Brot zu stehlen.

So das berühmte Diktum des französischen Schriftstellers und Literaturnobelpreisträgers Anatole France.[17]

16 Ein Hinweis zum Sprachgebrauch: Alltagssprachlich wird der Begriff „grundsätzlich" häufig im Sinne von „immer" verwendet. In der Rechtssprache bedeutet „grundsätzlich", dass es auch Ausnahmen gibt.

17 1844–1924. Das (leicht veränderte) Zitat ist entnommen aus „Die rote Lilie", Kapitel VII.

Bei den Ausnahmen vom Grundsatz der Privatautonomie geht es oft darum, solcher Ungleichheit angemessen Rechnung zu tragen. Die immer weiter ausgreifenden Bemühungen des Gesetzgebers haben mittlerweile zu einer deutlichen Einschränkung der vertraglichen Gestaltungsfreiheit wirtschaftlich stärkerer Marktakteure geführt.

Der Privatautonomie werden beispielsweise durch folgende Vorschriften bzw. Prinzipien Grenzen gesetzt:

- § 138 BGB (Sittenwidrigkeit und Wucher)
  § 138 Abs. 1 BGB bestimmt, dass ein Rechtsgeschäft, das gegen die guten Sitten verstößt, nichtig ist. § 138 Abs. 2 BGB ordnet die gleiche Rechtsfolge für Wuchergeschäfte an.
- § 903 Satz 1 BGB
  Der Eigentümer einer Sache kann mit dieser nach Belieben verfahren und andere von jeder Einwirkung ausschließen, soweit (!) nicht das Gesetz oder Rechte Dritter entgegenstehen.
- Prinzip von Treu und Glauben (vgl. § 242 BGB)
  An sich bestimmt § 242 BGB nur, dass der Schuldner verpflichtet ist, die Leistung so zu bewirken, wie Treu und Glauben mit Rücksicht auf die Verkehrssitte es erfordern. Das Prinzip von Treu und Glauben gilt aber nicht nur für die Bewirkung der Leistung, sondern allgemein. Schon die römischen Juristen kannten es als *bona fides*. Hier sind bestimmte Fallgruppen anerkannt, wie etwa das Verbot widersprüchlichen Verhaltens: So sind z. B. Fristüberschreitungen des Schuldners unschädlich, wenn der Gläubiger den Eindruck erweckt hat, sie zu dulden. Abschließend sind diese Fallgruppen natürlich nicht.
  Die Berufung auf das Prinzip von Treu und Glauben birgt die Gefahr, dass man je nach (politischer) Anschauung Unterprinzipien postuliert, mit deren Hilfe man sich über das positive Recht hinwegsetzen und das gewünschte Ergebnis erzielen kann. Das wurde insbesondere im Nationalsozialismus praktiziert.[18] Hier kann die Orientierung an anerkannten Fallgruppen helfen, Willkür zu vermeiden.
  Was für das Prinzip von Treu und Glauben gilt, gilt in ähnlicher Weise für alle „Generalklauseln", etwa für § 138 Abs. 1 BGB („gute Sitten"). Die Ähnlichkeit mit dem „naturrechtlichen Denken" ist offensichtlich.
  Je präziser Vorschriften formuliert sind, desto schwerer lassen sie sich instrumentalisieren. „Die Form ist die geschworene Feindin der Willkür, die

18 U. a. hierzu Bernd Rüthers, Die unbegrenzte Auslegung, 9. Aufl. 2022.

Zwillingsschwester der Freiheit. [...] Feste Formen sind die Schule der Zucht und Ordnung und damit der Freiheit selber und andererseits eine Schutzmauer gegen äußere Angriffe, – sie lassen sich nur brechen, nicht biegen [...].“[19]

- Recht der Allgemeinen Geschäftsbedingungen (§§ 305 ff. BGB)
  Die §§ 305 ff. BGB setzen dem Verwender Allgemeiner Geschäftsbedingungen („Kleingedrucktes“) Grenzen für die Ausgestaltung von Verträgen. Hier sollen u. a. Teilnehmer am Rechtsverkehr geschützt werden, die nicht genug (wirtschaftliche) Macht haben, um in Verhandlungen ausgewogene vertragliche Regelungen herbeizuführen. Das AGB-Recht schützt aber nicht nur diesen Personenkreis. Insbesondere ist es nicht auf Verbraucher beschränkt (wer Verbraucher ist, sagt § 13 BGB).
- Verbraucherschutz
  Hier geht es um den Schutz von Verbrauchern bei Vertragsschlüssen mit Unternehmern (§ 14 BGB), die ihnen (typischerweise) überlegen sind. Der Verbraucherschutz geht über das Schutzniveau, das die soeben angesprochenen §§ 305 ff. BGB gewährleisten, hinaus.
- Mieterschutz („soziales Mietrecht“)
  Mieterschutz wird beispielsweise durch Einschränkungen des Kündigungsrechts des Vermieters bei Wohnraummietverträgen verwirklicht.
- Allgemeines Gleichbehandlungsgesetz (AGG)[20]
  Ziel des AGG ist es, wie sich aus dessen § 1 ergibt, Benachteiligungen aus Gründen der Rasse oder wegen der ethnischen Herkunft, des Geschlechts, der Religion oder Weltanschauung, einer Behinderung, des Alters oder der sexuellen Identität zu verhindern oder zu beseitigen. Sein Anwendungsbereich erfasst auch den Zivilrechtsverkehr (§§ 19 ff. AGG). Bei einem Verstoß gegen das Benachteiligungsverbot kann der Benachteiligte Beseitigung der Beeinträchtigung, die Unterlassung weiterer Beeinträchtigungen (§ 21 Abs. 1 AGG) und Schadensersatz (§ 21 Abs. 2 AGG) verlangen. Aus diesen Vorschriften wird teilweise ein Anspruch des Benachteiligten auf Abschluss des von ihm angestrebten Vertrags abgeleitet (sog. Kontrahierungszwang[21]). Nur: Wer will, wenn es nicht unerlässlich ist, mit jemandem, der ihn diskriminiert hat, vertragliche Beziehungen begründen?

19 Rudolf von Jhering, Geist des römischen Rechts auf den verschiedenen Stufen seiner Entwicklung, 2. Teil, 2. Abteilung, zitiert nach der 1. Aufl. 1858, S. 497 (Schreibweise im Text normalisiert). Jhering (1818–1892) war ein einflussreicher Zivilrechtler und Rechtstheoretiker.
20 Vom 14.8.2006. Es dient der Umsetzung von EU-Richtlinien.
21 Näher dazu unter § 20 III.

2. Privatautonomie und Zivilprozess

Die Privatautonomie setzt sich im Zivilprozess fort, und zwar in der Dispositionsmaxime und dem Beibringungsgrundsatz.

Die Dispositionsmaxime besagt, dass die Parteien über den Beginn, den Gegenstand und das Ende des Verfahrens selbst bestimmen. Das Gegenstück ist der Amts- bzw. Offizialgrundsatz; soweit dieser Grundsatz gilt, steht die Einleitung des Verfahrens usw. nicht zur Disposition der Beteiligten. So muss das Familiengericht (hier findet das Gesetz über das Verfahren in Familiensachen und in den Angelegenheiten der freiwilligen Gerichtsbarkeit [FamFG] Anwendung) z. B. einschreiten, wenn zureichende tatsächliche Anhaltspunkte für eine Kindeswohlgefährdung (§ 1666 BGB) vorliegen. Hier überwiegen die öffentlichen Interessen.

Nach dem Beibringungsgrundsatz gilt, dass das Zivilgericht die entscheidungserheblichen Tatsachen nicht von Amts wegen ermittelt. Es obliegt den Parteien, sie „beizubringen“. Das Gericht hat den Parteien aber ggf. einen Hinweis zu erteilen, wenn solche Tatsachen nicht (vollständig) vorgetragen worden sind, § 139 ZPO. Das Gegenstück ist der Amtsermittlungsgrundsatz, der etwa das Strafverfahren prägt.

II. Vertrauensschutz

Der Vertrauensschutz ist ein weiterer wesentlicher Gedanke, der das BGB kennzeichnet. Ein Beispiel ist der gutgläubige Erwerb vom Nichtberechtigten gemäß §§ 932–934 BGB: Die §§ 929–931 BGB enthalten Regeln darüber, wie das Eigentum an beweglichen Sachen durch den Eigentümer übertragen werden kann. Was gilt aber, wenn der Veräußerer gar nicht Eigentümer ist? Die Antwort des Gesetzes lautet, dass auch in diesen Fällen Eigentum (vom Nichtberechtigten!) erworben werden kann, es sei denn, der Erwerber ist nicht gutgläubig. Das ist der Fall, wenn ihm bekannt oder infolge grober Fahrlässigkeit unbekannt ist, dass die Sache nicht dem Veräußerer gehört. Im Übrigen wird sein Vertrauen darauf, dass der Veräußerer Eigentümer ist, geschützt.

Weiterführende Literatur:

Klaus Adomeit/Susanne Hähnchen, Rechtstheorie mit Juristischer Methodenlehre, 7. Aufl. 2018, Rn. 60

Hans Brox/Wolf-Dietrich Walker, Allgemeiner Teil des BGB, 48. Aufl. 2024, § 2 Rn. 5 ff.

Astrid Stadler, Allgemeiner Teil des BGB, 21. Aufl. 2022, §§ 3, 7.

§ 8 Rechtssubjekte und Rechtsobjekte

I. Ausgangspunkt: Aufgreifen „natürlicher“ Gegebenheiten

1. Natürliche Personen

Alle Menschen sind Rechtssubjekte, d. h. rechtsfähig. Sie können Träger von Rechten und Pflichten sein (§ 1 BGB). Eine andere Regelung wäre mit der durch Art. 1 GG geschützten Menschenwürde nicht vereinbar. Auch hier muss man sich aber darüber im Klaren sein, dass dieser Rechtszustand keine Selbstverständlichkeit ist. So formulierte Karl Larenz[22] 1935:

> „Rechtsgenosse ist nur, wer Volksgenosse ist; Volksgenosse ist, wer deutschen Blutes ist [...] Wer außerhalb der Volksgemeinschaft steht, steht auch nicht im Recht, ist nicht Rechtsgenosse. Allerdings kann und wird der Fremde in vielen Beziehungen als Gast den Rechtsgenossen gleichgestellt werden [...].“[23]

§ 1 BGB bestimmt, dass die Rechtsfähigkeit des Menschen mit der Vollendung der Geburt beginnt. Geht man allein vom Wortlaut aus, würde das bedeuten, dass ein ungeborenes Kind, das während der Schwangerschaft verletzt und daher später behindert zur Welt kommt, z. B. keinen Schadensersatz gemäß § 823 Abs. 1 BGB verlangen könnte; „anderer“ im Sinne dieser Vorschrift kann nämlich nur ein Rechtssubjekt sein. So ist es aber nicht. Vorschriften wie § 331 Abs. 2 BGB und § 1923 Abs. 2 BGB sind Ausdruck eines allgemeinen Rechtsgedankens, wonach auch dem *nasciturus* (lat.: „der geboren werden wird“), wenn er lebend zur Welt kommt, Rechte zustehen können. Das gilt z. B. im Fall der hier angesprochenen Schädigung durch eine unerlaubte Handlung.

Von der Rechtsfähigkeit zu unterscheiden ist die Frage, ob Rechtssubjekte geschäftsfähig sind und daher selbst wirksam am Rechtsverkehr teilnehmen, also etwa Verträge schließen können, §§ 104 ff. BGB. Wiederum etwas anderes ist die Deliktsfähigkeit, §§ 827 ff. BGB. Wer nicht deliktsfähig ist, kann keine zum Schadensersatz verpflichtenden unerlaubten Handlungen begehen, z. B. §§ 823 ff. BGB.

---

22 1903–1993. Jurist, Rechtsphilosoph und Methodenlehrer im Nationalsozialismus und der Bundesrepublik.

23 Rechtsperson und subjektives Recht, 1935, S. 21. Der letzte Teil des Zitats wird oft „unterschlagen“. Damit lässt sich Larenz' ohnehin wenig rühmliches Wirken während des Nationalsozialismus in ein noch ungünstigeres Licht rücken. Redliche historische Aufarbeitung sieht anders aus.

2. Sachen

Sachen sind Rechtsobjekte. Das privatautonom handelnde Rechtssubjekt kann sie sich „unterwerfen“. Zu beachten ist, dass Tiere zwar keine Sachen sind, § 90a Satz 1 BGB. Die für Sachen geltenden Vorschriften sind auf sie jedoch grundsätzlich entsprechend anzuwenden, § 90a Satz 3 BGB.

II. Juristische Fiktionen/Erweiterungen

1. Nicht nur Menschen sind Rechtssubjekte. Diesen Status verleiht die Rechtsordnung teilweise auch nur gedachten Gebilden, um den Erfordernissen eines komplexen Wirtschaftslebens Rechnung zu tragen. Es gibt:
   - Personengesellschaften (z. B. Gesellschaft bürgerlichen Rechts [GbR, §§ 705 ff. BGB = Grundform], offene Handelsgesellschaft [OHG, §§ 105 ff. HGB], Kommanditgesellschaft [KG, §§ 161 ff. HGB])
   - juristische Personen, und zwar
     – des Privatrechts, etwa Vereine (§§ 21 ff. BGB) und Kapitalgesellschaften (z. B. die Gesellschaft mit beschränkter Haftung [GmbH] oder die Aktiengesellschaft [AG])
     – des öffentlichen Rechts, z. B. den Staat
2. Auch im Bereich der Rechtsobjekte gibt es juristische Erweiterungen: Neben körperlichen Gegenständen gibt es auch unkörperliche, nämlich Rechte.

III. Weitere juristische Differenzierungen

An dieser Stelle sei noch auf weitere juristische Differenzierungen hingewiesen:

- Verbraucher und Unternehmer (§§ 13, 14 BGB)
  Von diesen war oben schon kurz die Rede. **Verbraucher** ist gemäß § 13 BGB jede natürliche Person, die ein Rechtsgeschäft zu Zwecken abschließt, die überwiegend weder ihrer gewerblichen noch ihrer selbständigen beruflichen Tätigkeit zugerechnet werden können.
  Unternehmer ist hingegen eine natürliche oder juristische Person oder eine rechtsfähige Personengesellschaft, die bei Abschluss eines Rechtsgeschäfts in Ausübung ihrer gewerblichen oder selbständigen beruflichen Tätigkeit handelt, § 14 BGB. Sowohl die gewerbliche als auch die selbständige berufliche Tätigkeit setzen ein selbständiges und planmäßiges, auf gewisse Dauer angelegtes Anbieten entgeltlicher Leistungen am Markt voraus, wobei eine Gewinnerzielungsabsicht nicht erforderlich ist. Die in § 14 BGB genannte

selbständige berufliche Tätigkeit erfasst die sog. Freiberufler (die keine „Gewerbetreibenden“ sind), z. B. Ärzte, Rechtsanwälte und Künstler.[24]
Relevant werden die Begriffe Verbraucher und Unternehmer, die das BGB ursprünglich nicht kannte, beispielsweise beim Widerrufsrecht, das Verbrauchern unter bestimmten Bedingungen eingeräumt wird (§ 355 BGB), etwa bei Fernabsatzverträgen (§ 312 g BGB) wie z. B. einem Kauf über das Internet.

- Kaufleute (§§ 1 ff. HGB)
  Auf den im HGB geregelten Begriff des Kaufmanns wird im Zusammenhang mit dem Überblick über das Handelsrecht näher eingegangen.

Weiterführende Literatur:
Hans Brox/Wolf-Dietrich Walker, Allgemeiner Teil des BGB, 48. Aufl. 2024, §§ 33–36
Dieter Medicus/Jens Petersen, Grundwissen zum Bürgerlichen Recht, 13. Aufl. 2024, § 3 Rn. 1–4
Astrid Stadler, Allgemeiner Teil des BGB, 21. Aufl. 2022, §§ 11–15.

§ 9 Ansprüche und deren Prüfung

I. Grundlagen

In zivilrechtlichen Sachverhalten geht es meistens um die Frage, ob jemand einen Anspruch gegen einen anderen hat.

Denkbar sind auch andere Fragestellungen, so etwa, ob jemand Eigentümer einer Sache ist. Aber auch diese Frage kann im Rahmen einer Anspruchsprüfung relevant werden (Beispiel: § 985 BGB).

Die Legaldefinition des Anspruchs findet sich in § 194 Abs. 1 BGB: Ein Anspruch ist das Recht, von einem anderen ein Tun oder Unterlassen zu verlangen.

Im Rahmen einer Anspruchsprüfung ist zu fragen:

Wer will was von wem woraus?

- Wer? = Anspruchsteller
- Was? = rechtliches Begehren
- Von wem? = Anspruchsgegner

24 Vgl. § 1 Abs. 2 Satz 1 Partnerschaftsgesellschaftsgesetz (PartGG): „Die Freien Berufe haben im allgemeinen [Schreibweise amtlich] auf der Grundlage besonderer beruflicher Qualifikation oder schöpferischer Begabung die persönliche, eigenverantwortliche und fachlich unabhängige Erbringung von Dienstleistungen höherer Art im Interesse der Auftraggeber und der Allgemeinheit zum Inhalt.“

„Woraus?“ bedeutet, dass die in Betracht kommenden **Anspruchsgrundlagen** zu ermitteln und zu prüfen sind.

Ein zielgerichtetes Vorgehen setzt freilich voraus, dass man bereits einen Überblick über das BGB gewonnen hat.

Dazu ein (sehr einfaches) **Beispiel**: K (Käufer) und V (Verkäufer) werden sich darüber einig, dass K die Uhr des V zum Preis von 100 € bekommen soll. Die Sache gerät aber in Vergessenheit. Fünf Jahre später erinnert K den V an die Vereinbarung und möchte von ihm – gegen Zahlung der 100 € – die Uhr haben. V sagt, die Sache liege schon so lange zurück, dass er keine Absicht mehr habe, dem K die Uhr zu geben.

Wer will was von wem woraus? K will von V „die Uhr“ (genauer: Eigentum und Besitz an der Uhr) aus dem zwischen beiden geschlossenen Vertrag. Es handelt sich um einen Kaufvertrag im Sinne von § 433 BGB. Danach ist der Verkäufer einer Sache verpflichtet, dem Käufer die Sache zu übergeben und ihm das Eigentum hieran zu verschaffen, § 433 Abs. 1 Satz 1 BGB. Die für K relevante Anspruchsgrundlage ist also § 433 Abs. 1 Satz 1 BGB.

Exkurs: Die Eigentumsverschaffung richtet sich bei beweglichen Sachen – wie hier – nach §§ 929 ff. BGB. Dazu später mehr.

Anspruchsgrundlagen haben einen Tatbestand („Wenn...,“) und eine Rechtsfolge („dann...“), hier also: Wenn ein Kaufvertrag geschlossen worden ist, dann muss der Verkäufer dem Käufer die Sache übergeben und ihm das Eigentum hieran verschaffen.

Neben Anspruchsnormen sind **Gegennormen** zu prüfen. Im Beispiel geht es um die Einrede der Verjährung, die V (sinngemäß) geltend macht („Die Sache liegt schon lange zurück.“). Maßgeblich ist (mangels speziellerer Vorschriften, die stets vorrangig sind) § 214 Abs. 1 BGB in Verbindung mit §§ 195, 199 Abs. 1 BGB. Die regelmäßige Verjährungsfrist beträgt demnach drei Jahre. Sie ist bereits verstrichen. V hat also ein sog. Leistungsverweigerungsrecht gemäß § 214 Abs. 1 BGB (der Anspruch des K besteht weiter, kann jedoch nicht durchgesetzt werden).

Das Prüfungsschema sieht wie folgt aus:

1. Ist der Anspruch entstanden?
   Im Beispielsfall: Ja, § 433 Absatz 1 Satz 1 BGB. Es gibt einen wirksamen Kaufvertrag.
   Hier kann es auch um sog. **Einwendungen** gehen, die die Entstehung eines Anspruchs **hindern**. So etwa, wenn K wegen seines geistigen Zustands geschäftsunfähig wäre, §§ 104 Nr. 2, 105 Abs. 1 BGB. Ist dem Gericht der Sach-

verhalt, aus dem sich die Einwendung ergibt, bekannt, muss es diesen ohne Weiteres berücksichtigen („von Amts wegen“).

An dieser Stelle einige Hinweise zum „Minderjährigenrecht“: Wer das siebente Lebensjahr nicht vollendet hat, ist geschäftsunfähig, § 104 Nr. 1 BGB. Folge: Von ihm abgegebene Willenserklärungen sind nichtig, § 105 Abs. 1 BGB. Er kann im Rechtsverkehr nicht selbst wirksam handeln. Ein Minderjähriger, der das siebente Lebensjahr vollendet hat, ist beschränkt geschäftsfähig, § 106 BGB. Er bedarf, um rechtlich wirksam handeln zu können, der Einwilligung seines gesetzlichen Vertreters (in der Regel: der Eltern), soweit er nicht lediglich einen rechtlichen Vorteil erlangt, § 107 BGB. Erstreckt wird diese Regelung auch auf rechtlich neutrale Geschäfte. Die Wirksamkeit eines Vertrags hängt, soweit eine Einwilligung erforderlich, aber nicht erteilt worden war, von der Genehmigung des Vertreters ab, § 108 Abs. 1 BGB. Bis zur Erteilung der Genehmigung ist das Rechtsgeschäft „schwebend unwirksam“. Wirksam ist ein Vertrag in der Regel, wenn der Minderjährige mit seinem Taschengeld bezahlt, § 110 BGB („Taschengeldparagraf“).

Ein **Beispiel**: Die 15-jährige M kauft ein Fahrrad, das 300 € wert ist, zum Preis von 100 €. Die Eltern sind damit nicht einverstanden. Ist der Kaufvertrag wirksam? Nein! Das Geschäft ist zwar *wirtschaftlich* vorteilhaft (ein „Schnäppchen“). M erlangt aber nicht lediglich einen *rechtlichen* Vorteil, § 107 BGB. Sie ist nämlich auch zur Zahlung des Kaufpreises verpflichtet. Das ist ein rechtlicher Nachteil.

2. Ist der Anspruch erloschen?
   Im Beispielsfall gibt es insoweit keine Probleme.
   Denkbar sind hier **Einwendungen**, die einen bereits entstandenen Anspruch wieder **vernichten**. Beispiel: Erfüllung, § 362 Abs. 1 BGB. Erfüllung würde vorliegen, wenn V dem K bereits Eigentum und Besitz an der Uhr verschafft hätte. Auch hier gilt: Die Einwendung ist vom Gericht von Amts wegen zu berücksichtigen.
3. Ist der Anspruch durchsetzbar?
   Im Beispielsfall: Nein, weil, wie gezeigt, die **Einrede** der Verjährung durchgreift.
   Einreden **hemmen** die Rechtsdurchsetzung; der Anspruch bleibt aber bestehen. Einreden werden nur berücksichtigt, wenn sie geltend gemacht werden (also nicht „von Amts wegen“). Hätte sich im Beispielsfall V nicht auf Verjährung berufen, müsste er im Prozess verurteilt werden. Merksatz: „Über Einreden muss man reden.“

II. Prüfungsreihenfolge

Das Speziellere wird zuerst geprüft. Das heißt auch: Vertragliche Ansprüche werden vor gesetzlichen Ansprüchen geprüft.

Zur Klarstellung: Ansprüche sind nicht schon deshalb „gesetzlich“, weil sich Regelungen im Gesetz finden. Also: Nur weil das BGB Regeln über Kaufverträge enthält (§§ 433 ff.), entstehen daraus keine gesetzlichen Ansprüche. Gesetzliche Ansprüche sind solche, die – anders als z. B. Ansprüche aus einem Kauf – ihre Grundlage nicht in einer einvernehmlichen Regelung der Parteien haben.

Beispiel zur Prüfungsreihenfolge: V hat eine Sache, die er von H unentgeltlich zur Verwahrung angenommen hat, durch leicht fahrlässiges Handeln, das allerdings seinem üblichen Verhalten entspricht, beschädigt. Man könnte auf die Idee kommen, gleich einen Schadensersatzanspruch aus § 823 Abs. 1 BGB – also einen gesetzlichen Anspruch – zu prüfen. Hiernach hat derjenige, dessen Eigentum rechtswidrig und schuldhaft verletzt worden ist, einen Schadensersatzanspruch gegen den Schädiger. Lässt man Vertragsrecht außer Acht, käme man zu einem kaum überzeugenden, nämlich die Haftung bejahenden Ergebnis. Kaum überzeugend deshalb, weil ein Verwahrungsvertrag vorliegt (§§ 688 ff. BGB), bei dem ein milderer Haftungsmaßstab gilt (§ 690 BGB in Verbindung mit § 277 BGB: Haftung nur für sog. eigenübliche Sorgfalt!) als im Rahmen des § 823 Abs. 1 BGB (Haftung für jede Fahrlässigkeit). Der mildere Haftungsmaßstab des Vertragsrechts muss sinnvollerweise auch die (deliktische) Haftung gemäß § 823 Abs. 1 BGB beeinflussen. Aber auch, wenn man sich der vertragsrechtlichen Regelung bewusst ist, würde man, wenn man mit § 823 Abs. 1 BGB beginnt, zu einer unübersichtlichen, verschachtelten Prüfung kommen.

Weiterführende Literatur:

Hans Brox/Wolf-Dietrich Walker, Allgemeiner Teil des BGB, 48. Aufl. 2024, § 12 (Geschäftsfähigkeit), § 30 (Ansprüche), § 31 Rn. 10–15 (Einwendungen und Einreden) und § 38 (Methode der Fallbearbeitung)

Dieter Medicus/Jens Petersen, Grundwissen zum Bürgerlichen Recht, 13. Aufl. 2024, § 2 (Anspruchsaufbau) und § 7 Rn. 6 ff. (Geschäftsfähigkeit)

Astrid Stadler, Allgemeiner Teil des BGB, 21. Aufl. 2022, § 10 (Subsumtionstechnik und Aufbau einer Falllösung) und § 23 (Geschäftsfähigkeit).

Zweiter Teil

Auslegung, insbesondere: Auslegung von Gesetzen

§ 10 Gesetzesauslegung

Bei der Gesetzesauslegung – einem Teilgebiet der juristischen Methodenlehre – geht es darum, zu ermitteln, was eine gesetzliche Vorschrift besagt.

Zum Teil hilft das Gesetz mit Definitionen (Legaldefinitionen). Von der Legaldefinition des Anspruchs in § 194 Abs. 1 BGB war schon die Rede. Ein weiteres Beispiel: In § 823 Abs. 1 BGB wird der Begriff „fahrlässig" verwendet. § 276 Abs. 2 BGB erläutert: „Fahrlässig handelt, wer die im Verkehr erforderliche Sorgfalt außer Acht lässt." Aber: Auch die Elemente solcher Definitionen müssen ausgelegt werden.

I. Auslegungsmethoden

1. Wortlaut/Wortsinn

> „Im Anfang war das Wort [...] Alle Dinge sind durch dasselbe gemacht, und ohne dasselbe ist nichts gemacht [...]."[25]

So auch in der Rechtswissenschaft. Die Auslegung geht vom Wortlaut aus. Dieser ist selten eindeutig. Da Gesetze Menschenwerk sind, können sie zudem unglücklich oder fehlerhaft formuliert sein. Für die Auslegung nach dem Wortlaut bzw. Wortsinn kommt es insbesondere auf die Grammatik, den allgemeinen Sprachgebrauch, aber auch die juristische Fachsprache an.

Ein (sehr triviales) **Beispiel**: In § 919 Abs. 1 BGB heißt es: „Der Eigentümer eines Grundstücks kann von dem Eigentümer eines Nachbargrundstücks verlangen, dass dieser zur Errichtung fester Grenzzeichen und, wenn ein Grenzzeichen *verrückt* oder unkenntlich *geworden* ist, zur Wiederherstellung mitwirkt."

Hier ist dem Gesetzgeber schlicht ein Missgeschick passiert. Natürlich geht es nicht um eine psychische Erkrankung des Grenzzeichens („verrückt geworden"), sondern um eine örtliche Veränderung („verrückt worden").

---

25 Evangelium nach Johannes 1,1 und 1,3 (Luther 2017). Mit „Wort" ist der Begriff *lógos* (λόγος) übersetzt, dessen Bedeutung im Altgriechischen allerdings vielschichtig ist.

Man muss sich bewusst sein, dass die Gesetzessprache nicht zwangsläufig mit der Alltagssprache übereinstimmt: § 267 Abs. 1 StGB bestimmt u. a., dass sich derjenige, der eine echte Urkunde verfälscht, strafbar macht. Man stelle sich nun den folgenden Sachverhalt vor: In der Kabine eines Bekleidungsgeschäfts probiert X mehrere Hemden an. Das qualitativ beste kostet 99 €, das schlichteste 49 €. K tauscht die mit Fäden an den Hemden befestigten Preisschilder aus. Hat X eine Urkunde verfälscht? Wohl kaum, wenn man die umgangssprachliche Bedeutung des Wortes „Urkunde" zugrunde legt. Anderes gilt für die Fachsprache. Unter „Urkunde" versteht der Jurist jede verkörperte Gedankenerklärung, die zum Beweis im Rechtsverkehr geeignet und bestimmt ist und ihren Aussteller erkennen lässt. Die feste Verbindung zwischen Preisschild und Hemd erfüllt die Voraussetzungen einer (zusammengesetzten) Urkunde.

2. Systematik

> „Sobald jemand einen Paragrafen eines Gesetzbuchs anwendet, so wendet er das ganze Gesetzbuch an."[26]

Die Auslegung geht zwar vom Wortlaut aus, endet dort aber in aller Regel nicht.

Jeder Text – auch der juristische – gewinnt seinen Sinn aus dem Kontext. Der umfassendste Kontext ist die Rechtsordnung als solche. Hierin wurzelt auch der Gedanke von der „Einheit der Rechtsordnung": Die Rechtsordnung ist darauf ausgelegt, möglichst widerspruchsfrei zu sein. Die Widerspruchsfreiheit ist in Teilen zwar nur ein Ideal, es beeinflusst aber die Auslegung.

Ein **Beispiel** für die Berücksichtigung des Kontextes bzw. der Systematik: § 550 Satz 1 BGB bestimmt: „Wird der Mietvertrag für längere Zeit als ein Jahr nicht in schriftlicher Form [siehe dazu § 126 BGB] geschlossen, so gilt er für unbestimmte Zeit." Gilt das auch, wenn Gegenstand des Mietvertrags ein Auto ist? Nein. Die Regelung findet sich im Titel 5 des 2. Buches („Mietvertrag, Pachtvertrag"), Untertitel 2 („Mietverhältnisse über Wohnraum"). § 550 Satz 1 BGB hat also nur Wohnraummietverhältnisse zum Gegenstand!

3. Sinn und Zweck (teleologische Auslegung), historische Auslegung (insbesondere: Wille des Gesetzgebers)

Jede rechtliche Regelung verfolgt einen konkreten Zweck (*télos* [τέλος], Neutrum, altgriechisch, daher: teleologisch). Worin dieser liegt, lässt sich nicht selten auch

26 Rudolf Stammler, Theorie der Rechtswissenschaft, 1. Aufl. 1911, S. 24 f. Stammler (1856–1938) ist insbesondere durch rechtsphilosophische Schriften in Erscheinung getreten.

der vom Gesetzgeber gegebenen Begründung entnehmen (aufzufinden etwa in Bundestags-Drucksachen[27]).

Gefährlich ist die Annahme eines – vom nachweisbaren Willen des Gesetzgebers losgelösten – „Willens des Gesetzes“ (sog. objektive Auslegungstheorie). Gleichwohl finden sich solche Ansätze auch in der Rechtsprechung. Gefährlich ist dieser Ansatz deshalb, weil er dem Rechtsanwender (Richter) die Möglichkeit gibt, dem Gesetz seine eigenen Vorstellungen „unterzujubeln“:

> „Im Auslegen seid frisch und munter!
> Legt ihr's nicht aus, so legt was unter.“[28]

Neben konkreten Gesetzeszwecken gibt es auch abstrakte, d. h. solche, die allen Gesetzen gemeinsam sind. Dazu gehört beispielsweise die Sachgerechtigkeit im Hinblick auf die jeweilige Regelungsmaterie.

4. Auslegung unter Berücksichtigung von Unionsrecht bzw. Verfassungsrecht (europarechtskonforme bzw. verfassungskonforme Auslegung)

a) Art. 4 Abs. 3 EUV verpflichtet die Mitgliedstaaten zur effektiven Durchsetzung des Unionsrechts. Das zwingt auch zu europarechtskonformer Auslegung.
b) Das Grundgesetz strahlt, wie gezeigt, auf alle Rechtsgebiete aus, auch auf das Privatrecht (Stufenbau der Rechtsordnung). Verfassungsrechtliche Vorgaben finden z. B. über die Generalklauseln des BGB („gute Sitten“ in § 138 Abs. 1 BGB oder „Treu und Glauben“ in § 242 BGB) Berücksichtigung.[29] Verfassungsrechtliche Abwägungsentscheidungen sind oft nicht hinreichend voraussehbar. Das Problem überträgt sich dann auch auf das Privatrecht.
c) Da, wie gesagt, der umfassendste Kontext, in dem eine Rechtsnorm steht, die gesamte Rechtsordnung ist, handelt es sich bei der europarechts- und der verfassungskonformen Auslegung um Unterfälle der systematischen Auslegung.

27 Abrufbar unter www.bundestag.de/drucksachen.
28 Goethe, Zahme Xenien II. Goethe wusste, wovon er spricht, denn er war auch Jurist.
29 Näher § 12 II.2.b) aa).

II. Auslegung und Rechtsfortbildung

Die Grenzziehung zwischen Auslegung und Rechtsfortbildung ergibt sich insbesondere aus dem Grundsatz der Gewaltenteilung (Art. 20 Abs. 2 Satz 2 GG). Danach wird die Staatsgewalt u. a. ausgeübt durch besondere Organe der Gesetzgebung, der vollziehenden Gewalt und der Rechtsprechung (Legislative-Exekutive-Judikative). Richter sind an das Gesetz gebunden (Art. 20 Abs. 3 und Art. 97 GG). Ihre Aufgabe ist es grundsätzlich nicht, Recht zu setzen. Es kann jedoch Fälle geben, in denen das geboten ist. Die Zulässigkeit richterlicher Rechtsfortbildung ist im Grundsatz anerkannt, was sich auch dem Gesetz entnehmen lässt (z. B. § 132 Abs. 4 GVG). Ein wichtiges Beispiel ist die Analogie. Ausgangspunkt ist die Überlegung, dass wesentlich Gleiches in der Regel gleich zu behandeln ist (Art. 3 Abs. 1 GG). Es kann nun sein, dass der Gesetzgeber einen Fall geregelt, einen wesentlich gleichen aber übersehen hat. Dann ist eine analoge Anwendung des für den geregelten Fall geltenden Rechtsgedankens angezeigt. Nicht immer leicht zu beantworten ist freilich die Frage, wann ein Sachverhalt „wesentlich gleich" ist.

Die analoge Anwendung einer Vorschrift setzt Folgendes voraus:
- Es besteht eine planwidrige Regelungslücke, weil der Gesetzgeber einen Sachverhalt ungewollt nicht geregelt hat.
- Es besteht zudem eine vergleichbare Interessenlage zwischen dem geregelten und dem ungeregelten Sachverhalt.

Beispiel: Der Unterlassungsanspruch gemäß § 1004 Abs. 1 Satz 2 BGB steht – ausweislich des Wortlauts der Vorschrift – nur dem Eigentümer zu. Schadensersatz kann aber nicht nur wegen einer Eigentumsverletzung verlangt werden, sondern auch, wenn es um das Leben, den Körper, die Gesundheit, die Freiheit oder ein sonstiges Recht geht (§ 823 Abs. 1 BGB). Sollte aber wirklich nur der Eigentümer die Möglichkeit haben, durch die Geltendmachung eines Unterlassungsanspruchs den Eintritt eines Schadens zu verhindern? Erkennbar nicht. Daher gilt § 1004 Abs. 1 Satz 2 BGB analog auch für Rechtsgüter jenseits des Eigentums.

(nicht abschließendes) Schema zu Auslegung und Rechtsfortbildung (z. B. Analogie):[30]

30 Vgl. Helmut Coing/Heinrich Honsell, in: Staudinger, Eckpfeiler des Zivilrechts, 2005, S. 29.

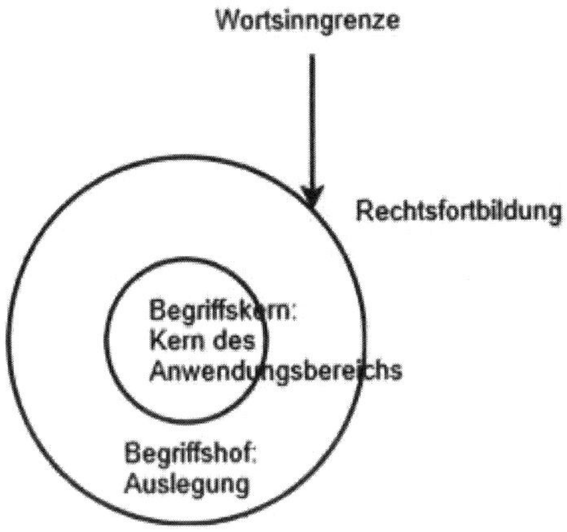

Abbildung 1: Auslegung und Rechtsfortbildung

Das Gegenstück zur Analogie ist die teleologische Reduktion. In diesen Fällen ist der Wortlaut einer Vorschrift – gemessen an deren Sinn und Zweck – zu weit gefasst. Zum besseren Verständnis ein **Beispiel**[31]:

Ein (hypothetisches) Gesetz bestimmt: „Wer im Sturm auf dem Schiff bleibt, wird Eigentümer des Schiffs." Ein Schiff gerät in stürmischer See in Not. Alle Passagiere verlassen es – mit Ausnahme eines Kranken, der sich nicht bewegen kann. Das Schiff wird gerettet. Wird der Kranke, der als Einziger auf dem Schiff verblieb, dessen Eigentümer? Dem Wortlaut nach: ja. Der Zweck des Gesetzes besteht aber darin, denjenigen zu belohnen, der Gefahren auf sich nimmt, um das Schiff zu retten. Der Wortlaut des Gesetzes ist zu weit gefasst. Es muss einschränkend ausgelegt werden.

Daneben gibt es noch weitere juristische Schlüsse, wie den Erst-recht-Schluss (etwa: Wenn ein Verhalten zu einer fristlosen Kündigung berechtigt, dann erst recht zu einer fristgebundenen) und den Gegenschluss (Umkehrschluss). Ein Gegenschluss lässt sich aus § 1601 BGB ziehen: „Verwandte in gerader Linie sind verpflichtet, einander Unterhalt zu gewähren." Also: andere Verwandte nicht.

Im Rahmen der Überlegungen zur Analogie wurde oben die anfängliche *unbewusste* Gesetzeslücke dargestellt. Es gibt aber auch anfängliche *bewusste* Lücken. Hier überlässt der Gesetzgeber die Rechtsfortbildung gezielt der Rechtspre-

31 Siehe Jan Schröder, Recht als Wissenschaft, Band 1, 3. Aufl. 2020, S. 159.

chung. Schließlich können Lücken auch nachträglich entstehen, etwa wenn es zu technischen Neuerungen kommt, die dem Gesetzgeber bei Erlass eines Gesetzes noch nicht bekannt waren.

III. Ein Blick über den nationalen Tellerrand

Konkrete gesetzliche Vorgaben, die die Auslegung und die Rechtsfortbildung betreffen, gibt es im deutschen Recht nicht. Anders ist dies etwa in Österreich. In §§ 6 und 7 ABGB[32] heißt es:

> § 6 Einem Gesetze darf in der Anwendung kein anderer Verstand beygelegt werden, als welcher aus der eigenthümlichen Bedeutung der *Worte* in ihrem *Zusammenhange* und aus der *klaren Absicht des Gesetzgebers* hervorleuchtet.
>
> § 7 Läßt sich ein Rechtsfall weder aus den *Worten*, noch aus dem natürlichen *Sinne eines Gesetzes* entscheiden, so muß auf *ähnliche, in den Gesetzen bestimmt entschiedene Fälle*, und auf die Gründe anderer damit verwandten Gesetze Rücksicht genommen werden. Bleibt der Rechtsfall noch zweifelhaft, so muß solcher mit Hinsicht auf die sorgfältig gesammelten und reiflich erwogenen Umstände nach den *natürlichen Rechtsgrundsätzen* entschieden werden.[33]

IV. Die Bedeutung von Präjudizien

Wenn ein Praktiker, also ein Richter, Rechtsanwalt usw., einen Fall bearbeitet, geht er natürlich nicht so vor, als sei er der Erste, der die sich stellende(n) Rechtsfrage(n) beantworten muss, um sich dann ausgehend vom Wortlaut einer relevanten Vorschrift ggf. weiter durch die Auslegungsmethoden vorzuarbeiten. Er prüft vielmehr – etwa, indem er in einem Gesetzeskommentar nachschlägt – insbesondere, ob es einschlägige (höchstrichterliche) Rechtsprechung gibt. Oft muss das Rad nicht neu erfunden werden.

Übersieht zudem ein Rechtsanwalt relevante Rechtsprechung, läuft er Gefahr, sich seinem Mandanten gegenüber schadensersatzpflichtig zu machen.

Richter sind nur an Recht und Gesetz gebunden (Art. 20 Abs. 3 und Art. 97 Abs. 1 GG), also nicht auch an Präjudizien. Daher steht es z. B. einem Amtsrichter frei, der Rechtsprechung des Bundesgerichtshofs nicht zu folgen. In der Regel wird das aber zur Konsequenz haben, dass das Urteil bereits in der nächsten Instanz abgeändert wird.

---

32 Allgemeines Bürgerliches Gesetzbuch vom 1.6.1811.

33 Peter Bydlinski, Allgemeiner Teil des Bürgerlichen Rechts, 10. Aufl. 2024, Rn. 1/34: Leitlinien, die weit über das ABGB hinaus beachtet werden.

Weiterführende Literatur:

Klaus Adomeit/Susanne Hähnchen, Rechtstheorie mit Juristischer Methodenlehre, 7. Aufl. 2018, Rn. 64 ff.
Hans Brox/Wolf-Dietrich Walker, Allgemeiner Teil des BGB, 48. Aufl. 2024, § 3 Rn. 9 ff.
Rolf Wank/Martin Maties, Die Auslegung von Gesetzen, 7. Aufl. 2023
Reinhold Zippelius, Juristische Methodenlehre, 12. Aufl. 2021.
Siehe auch:
Bernd Rüthers, Das Ungerechte an der Gerechtigkeit, 3. Aufl. 2009
ders., Die heimliche Revolution vom Rechtsstaat zum Richterstaat, 2. Aufl. 2016.
Allgemein zur juristischen Denkweise: Karl Engisch, Einführung in das juristische Denken, 13. Aufl. 2024 (erscheint seit 1956, mittlerweile ein „Klassiker").

§ 11 Auslegung außerhalb der Gesetzesinterpretation

Auszulegen sind selbstverständlich nicht nur Gesetze, sondern auch rechtsgeschäftliche Erklärungen. Die einschlägigen Vorschriften finden sich in §§ 133, 157 BGB. Darauf wird zurückzukommen sein.

Dritter Teil

Allgemeiner Teil des BGB

Im Allgemeinen Teil des BGB steht, wie bereits gesagt, das, was grundsätzlich für alle weiteren Bücher gilt (Klammerprinzip). Soweit sich in diesen jedoch spezielle Regelungen finden, gehen sie den entsprechenden Regelungen im Allgemeinen Teil vor. Das Spezielle hat Vorrang vor dem Allgemeinen. Zur Veranschaulichung: Die §§ 194 ff. BGB stellen allgemeine Regeln für die Verjährung auf. Für Mängelansprüche beim Kauf gibt es allerdings eine spezielle Vorschrift in § 438 BGB. Sie verdrängt, soweit sie von den §§ 194 ff. BGB abweichende Regelungen enthält, die allgemeinen Vorschriften.

§ 12 Das Rechtsgeschäft: Tatbestandsmerkmale, Wirksamkeitsvoraussetzungen

Das Rechtsgeschäft ist das Mittel zur Verwirklichung der Privatautonomie.

I. Tatbestandsmerkmale des Rechtsgeschäfts

1. Willenserklärung als Tatbestandsmerkmal des Rechtsgeschäfts

Ein Rechtsgeschäft enthält (mindestens) eine Willenserklärung. Das ist ein zentraler Begriff des Privatrechts.

Unter einer Willenserklärung versteht man die private Erklärung einer Person, die auf die Herbeiführung einer Rechtsfolge gerichtet ist, wie die Errichtung eines Testaments oder die Abgabe eines Angebots zum Vertragsschluss.

2. Ggf.: weitere Tatbestandsmerkmale

Ggf. kommen weitere Tatbestandsmerkmale hinzu, etwa eine weitere Willenserklärung (die Annahme eines Angebots, dann kommt ein Vertrag zustande) oder etwas Tatsächliches wie z. B. die Übergabe einer Sache gemäß § 929 Satz 1 BGB im Rahmen des Eigentumserwerbs.

Gemäß § 929 Satz 1 BGB ist zur Übertragung des Eigentums an einer beweglichen Sache erforderlich, dass der Eigentümer die Sache dem Erwerber übergibt und beide darüber einig sind, dass das Eigentum übergehen soll. Das hier beschriebene Rechtsgeschäft setzt also eine Willenserklärung des Veräußerers und eine Willenserklärung des Erwerbers voraus (sonst kommt es nicht zur erforderlichen Einigung über den Eigentumsübergang). Hinzukommen muss schließlich die Übergabe der Sache.

II. Abgrenzung zu Wirksamkeitsvoraussetzungen

Hier geht es z. B. um die Geschäftsfähigkeit (§§ 104 ff. BGB)[34] oder die Wahrung von Formen (§§ 125 ff. BGB). Das Fehlen einer Wirksamkeitsvoraussetzung führt zur Nichtigkeit des Rechtsgeschäfts, es bleibt aber ein Rechtsgeschäft. Praktische Relevanz hat das etwa bei der sog. Heilung der Nichtigkeit wegen eines Formmangels. Ein Beispiel findet sich in § 311b Abs. 1 Satz 2 BGB (hier geht es um Grundstücksgeschäfte); darauf wird zurückzukommen sein.

1. Form des Rechtsgeschäfts

Grundsätzlich unterliegen Rechtsgeschäfte keinem Formzwang. Auch das ist Ausdruck von Privatautonomie. Allerdings gibt es Ausnahmen.

a) Arten der Form

Es gibt mehrere Arten von Formen:

- Schriftform (§ 126 BGB)
  Erforderlich ist die eigenhändige Unterzeichnung durch Namensunterschrift oder mittels notariell beglaubigten Handzeichens (§ 126 Abs. 1 BGB). Schriftform ist z. B. beim Bürgschaftsversprechen vorgesehen (§ 766 BGB).
- Notarielle Beurkundung (§ 128 BGB)
  Notariell zu beurkunden sind etwa Verpflichtungsgeschäfte über Grundstücke (§ 311b Abs. 1 Satz 1 BGB).
  Das Beurkundungsverfahren ist im Beurkundungsgesetz geregelt. Es erfolgt eine Verhandlung, in deren Rahmen die zu beurkundenden Willenserklärungen zur Niederschrift in Papierform durch den Notar abgegeben werden. Sie werden vorgelesen, von den Beteiligten genehmigt und anschließend von ihnen und dem Notar eigenhändig unterschrieben. Zum Teil kann die Beurkundung auch mittels Videokommunikation erfolgen.

34 Oben § 9 I.

- Öffentliche Beglaubigung (§ 129 BGB)
  Sie bezieht sich nur auf die Unterschrift.
  Auch das Beglaubigungsverfahren ist im Beurkundungsgesetz geregelt.

Neben diesen Formen gibt es die
- elektronische Form gemäß § 126a BGB und die
- Textform gemäß § 126b BGB.

Wie die angefügten Kleinbuchstaben zeigen, sind diese Formen neueren Datums. Zudem gibt es Sondervorschriften, etwa im Erbrecht für das eigenhändige Testament in § 2247 BGB. Es muss nicht nur eigenhändig unterschrieben, sondern auch eigenhändig geschrieben sein. Hier geht es u. a. darum, Fälschungen zu verhindern.
Eine Form kann gesetzlich vorgeschrieben sein (siehe etwa die oben genannten Beispiele: Bürgschaft, Verpflichtungsgeschäfte über Grundstücke). Sie kann aber auch vereinbart werden (vgl. z. B. § 127 Abs. 2 BGB: „durch Rechtsgeschäft bestimmte ... Form“).

b) Funktionen der Form
Formvorschriften verfolgen unterschiedliche Zwecke. Was der jeweilige Formzweck ist, ist durch Auslegung zu ermitteln. Es kann auch sein, dass eine Formvorschrift mehrere Zwecke verfolgt. Als Funktionen von Formvorschriften kommen in Betracht:
- Warnfunktion
  Hier geht es um den Schutz vor der übereilten Abgabe einer Erklärung. Das ist z. B. bei der Bürgschaft (§ 766 BGB) der Fall; dieser Formzwang entfällt bei Kaufleuten (§ 350 HGB). Grund ist, dass ein Kaufmann bei der Abgabe eines Bürgschaftsversprechens eines solchen Schutzes typischerweise nicht bedarf. Durch die Formfreiheit wird zudem eine zügigere Geschäftsabwicklung ermöglicht.
- Beweisfunktion
  Die Form soll hier die Nachweisbarkeit der Existenz und des Inhalts eines Rechtsgeschäfts erleichtern. So etwa bei § 550 BGB. Der in den Mietvertrag eintretende Grundstückserwerber soll problemlos Kenntnis erlangen können von den Rechten und Pflichten, die gemäß § 566 Abs. 1 BGB gegenüber den Mietern bestehen.[35]

35 Dazu näher unter § 27 III.4.

- Beratungsfunktion
  Es geht um Gewährleistung einer fachkundigen Belehrung und Beratung, z. B. beim Ehevertrag (§ 1410 BGB). Der Formzwang beim Ehevertrag erschöpft sich aber nicht darin.

c) Umfang der Formbedürftigkeit
Sollen ein nicht formbedürftiger Vertrag und ein formbedürftiger Vertrag miteinander „stehen und fallen“, unterliegt unter Schutzzweckgesichtspunkten auch der an sich nicht formbedürftige Vertrag der für den formbedürftigen Vertrag vorgeschriebenen Form.
Beispiel: Ein (nicht formbedürftiger) Vertrag über die Errichtung eines Hauses, der mit einem Vertrag über den Kauf eines hierfür benötigten Grundstücks verbunden ist, unterfällt insgesamt der Form gemäß § 311b Abs. 1 Satz 1 BGB.
Hinsichtlich des Umfangs der Formbedürftigkeit gibt es auch darüber hinaus zahlreiche Einzelprobleme.

d) Folge von Formmängeln
Grundsätzliche Folge eines Formmangels ist Nichtigkeit, § 125 Satz 1 BGB. „Im Zweifel“ gilt das auch bei einer vereinbarten Form, § 125 Satz 2 BGB. Die Formulierung „im Zweifel“ bedeutet, dass zunächst ausgelegt werden muss, was die Parteien gewollt haben. Allerdings gibt es Sonderregelungen zu § 125 BGB, z. B. § 550 Satz 1 BGB im Wohnraummietrecht, die keine Nichtigkeitsfolge anordnen.
Formmängel können – das wurde oben bereits kurz angesprochen – unter Umständen geheilt werden. Prominentes Beispiel ist § 311b Abs. 1 Satz 2 BGB. Voraussetzung der Heilung des formunwirksamen Verpflichtungsgeschäfts über ein Grundstück ist die Auflassung (d. h. die Einigung über den Eigentumsübergang) nebst Eintragung des Eigentumswechsels in das Grundbuch. Damit ist die wichtigste Verpflichtung erfüllt. Es wäre der Rechtssicherheit wenig zuträglich, wenn die Vertragsparteien wegen der Nichtigkeit des Verpflichtungsgeschäfts gleichwohl bis zum Ablauf der Verjährungsfrist gegenseitigen Rückabwicklungsansprüchen ausgesetzt wären.

2. Inhaltliche Schranken

Im Gesetz finden sich nicht nur formelle, sondern auch inhaltliche Grenzen für die Ausgestaltung von Rechtsgeschäften.

a) Gesetzliche Verbote
Gemäß § 134 BGB ist ein Rechtsgeschäft nichtig, das gegen ein gesetzliches Verbot verstößt, es sei denn, aus dem Gesetz ergibt sich etwas anderes. Das Verbot muss sich gerade gegen die Vornahme des Rechtsgeschäfts richten, es darf nicht nur die Art und Weise seiner Vornahme missbilligen. Letzteres ist etwa bei Vorschriften der Fall, die Ladenschlusszeiten betreffen. Diese Vorschriften zielen auf den Schutz von Arbeitnehmern im Hinblick auf die Arbeitszeit ab. Nur deshalb sollen Verkäufe usw. verhindert werden und nicht, weil sie auch darüber hinaus missbilligt werden.
Beispiel: Gemäß § 259 Abs. 1 StGB macht sich u. a. derjenige strafbar, der eine Sache, die ein anderer gestohlen hat, ankauft (Hehlerei); erforderlich ist allerdings vorsätzliches Handeln (§ 15 StGB). Obwohl die Vorschrift nicht ausdrücklich von einem Verbot spricht, ist nicht zweifelhaft, dass sie Ankäufe gestohlener Ware verbietet. Ein solcher Kaufvertrag ist nichtig.

b) Verstoß gegen die guten Sitten, Wucher
aa) Sittenwidrigkeit
Ein Rechtsgeschäft, das gegen die guten Sitten verstößt, ist nichtig, § 138 Abs. 1 BGB.
Unter „guten Sitten" versteht man nach einer gängigen Formel das „Anstandsgefühl aller billig und gerecht Denkenden" (in der Rechtsprechung seit einer Entscheidung des Reichsgerichts aus dem Jahr 1901). Das ist aufgrund der pauschalen Bezugnahme auf die Gerechtigkeit, etwas zugespitzt formuliert, im Grunde inhaltsleer. Hier empfiehlt sich der Rückgriff auf rechtliche Grundwertungen, insbesondere auf die im Grundgesetz verankerten Grundrechte, wie sie durch die Rechtsprechung Gestalt gefunden haben.
Beispiel: Geschiedene Eheleute vereinbaren, dass der Ex-Ehemann seinen Wohnsitz aus der Stadt B verlegen müsse. – Der BGH hält solche Vereinbarungen für grundsätzlich sittenwidrig: Werde in Verbindung mit einer Ehescheidung eine Vereinbarung getroffen, die dem einen Vertragsteil auf längere Zeit einen erzwingbaren Anspruch gegen den anderen Teil auf Verlegung seines Wohnsitzes gewähre, so sei die Abrede in aller Regel als sittenwidrig im Sinne des § 138 Abs. 1 BGB anzusehen, weil sie das Grundrecht der Freizügigkeit (Art. 11 Abs. 1 GG:

„Alle Deutschen genießen Freizügigkeit im ganzen Bundesgebiet.“) ungebührlich einschränke.[36]
Aber: Warum spielen verfassungsrechtliche, also öffentlich-rechtliche Aspekte (Grundrechte) im Privatrecht überhaupt eine Rolle? Art. 1 Abs. 3 GG bestimmt:
Die nachfolgenden Grundrechte binden Gesetzgebung, vollziehende Gewalt und Rechtsprechung als unmittelbar geltendes Recht.
Grundrechte binden also den Staat, nicht den Bürger. Staatliches Handeln liegt aber auch vor, wenn Gerichte Rechtsstreitigkeiten zwischen Bürgern entscheiden. Dann müssen sie den Grundrechten der Parteien Rechnung tragen. Man spricht hier von einer Drittwirkung der Grundrechte. „Einbruchstellen“[37] für die Berücksichtigung von Grundrechten sind insbesondere Generalklauseln wie § 138 BGB. In den Worten des Bundesverfassungsgerichts:

> „Das Grundgesetz enthält in seinem Grundrechtsabschnitt verfassungsrechtliche Grundentscheidungen für alle Bereiche des Rechts. Diese Grundentscheidungen entfalten sich durch das Medium derjenigen Vorschriften, die das jeweilige Rechtsgebiet unmittelbar beherrschen, und haben vor allem auch Bedeutung bei der Interpretation zivilrechtlicher Generalklauseln. Indem § 138 und § 242 BGB ganz allgemein auf die guten Sitten, die Verkehrssitte sowie Treu und Glauben verweisen, verlangen sie von den Gerichten eine Konkretisierung am Maßstab von Wertvorstellungen, die in erster Linie von den Grundsatzentscheidungen der Verfassung bestimmt werden. Deshalb sind die Zivilgerichte von Verfassungs wegen verpflichtet, bei der Auslegung und Anwendung der Generalklauseln die Grundrechte als ‚Richtlinien‘ zu beachten. Verkennen sie das und entscheiden sie deshalb zum Nachteil einer Prozesspartei, so verletzen sie diese in ihren Grundrechten.“[38]

36 BGH v. 26.4.1972, IV ZR 18/71 = NJW (Neue Juristische Wochenschrift) 1972, 1414. – Hinweis: Entscheidungen des BGH ab dem 1.1.2000 können auf der Homepage des BGH im Volltext (kostenfrei) abgerufen werden: www.bundesgerichtshof.de/DE/Entscheidungen/EntscheidungenAb2000/entscheidungenAb2000_node.html.
37 Formulierung von Günter Dürig (1920–1996, einflussreicher Staatsrechtler).
38 BVerfG v. 19.10.1993, 1 BvR 567/89 = NJW 1994, 36, 38.

Grafisch lässt sich das wie folgt darstellen:

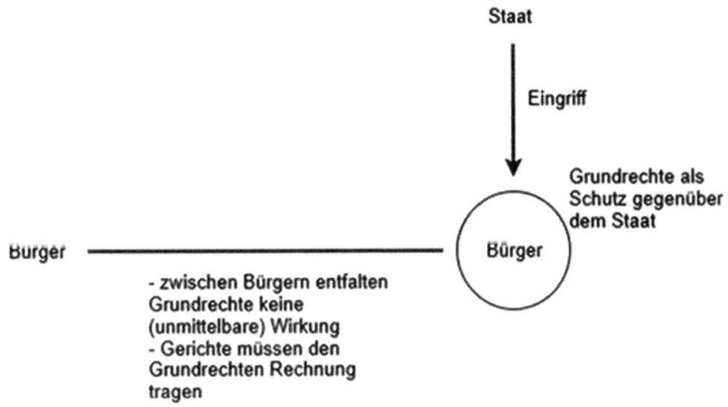

Abbildung 2: Drittwirkung der Grundrechte

bb) Wucher

Der Wucher gemäß § 138 Abs. 2 BGB stellt einen Spezialfall der Sittenwidrigkeit dar, der daher vorrangig zu prüfen ist; § 138 Abs. 1 BGB ist die Generalklausel. Gemäß § 138 Abs. 2 BGB sind Rechtsgeschäfte nichtig, durch die jemand unter Ausbeutung der Zwangslage, der Unerfahrenheit, des Mangels an Urteilsvermögen oder der erheblichen Willensschwäche eines anderen (subjektiver Tatbestand) sich oder einem Dritten für eine Leistung Vermögensvorteile versprechen oder gewähren lässt, die in einem auffälligen Missverhältnis zu der Leistung stehen (objektiver Tatbestand).

„Unerfahrenheit" meint einen allgemeinen Mangel an Lebens- oder Geschäftserfahrung, z. B. bei Jugendlichen oder alten Menschen. Fehlende Erfahrung auf einem bestimmten Gebiet genügt in der Regel nicht. Beim Merkmal „Mangel an Urteilsvermogen" kommt es darauf an, ob der Betroffene im konkreten Fall zu einer vernünftigen Sachbeurteilung in der Lage ist (etwa bei besonders schwierigen Geschäften). „Erhebliche Willensschwäche" meint verminderte psychische Widerstandsfähigkeit.

„Ausbeutung" ist die bewusste Ausnutzung der Situation des Bewucherten (Zwangslage usw.). Sie setzt die Kenntnis dieser Situation und eine verwerfliche Vorgehensweise voraus. Daher ist es erforderlich, dass der Wucherer Kenntnis von dem auffälligen Missverhältnis und der Ausbeutungssituation hat und er diese Lage vorsätzlich ausnutzt.

Bei der Prüfung des Missverhältnisses ist danach zu fragen, ob es im konkreten Fall bereits so groß ist, dass die Grenze dessen, was sich nach den Umständen noch rechtfertigen lässt, überschritten ist. Das ist regelmäßig der Fall, wenn der objektive Wert von Leistung und Gegenleistung um etwa 100 % (im Wohnraummietrecht um mehr als 50 %) voneinander abweichen.

Zu beachten ist, dass sich die Nichtigkeit in Wucherfällen (vorrangig) aus § 134 BGB in Verbindung mit § 291 StGB ergibt. Beim Straftatbestand des Wuchers gemäß § 291 StGB handelt es sich um ein Verbotsgesetz im Sinne des § 134 BGB.

cc) Wucherähnliche Rechtsgeschäfte

Ist der subjektive Tatbestand des § 138 Abs. 2 BGB – wie oft – nicht erfüllt, kann sich die Nichtigkeit gleichwohl aus § 138 Abs. 1 BGB ergeben. Man spricht dann von einem wucherähnlichen Rechtsgeschäft. Erforderlich ist aber, dass ein vom Wuchertatbestand nicht erfasster anstößiger Umstand, insbesondere eine verwerfliche Gesinnung, hinzukommt. Anderenfalls würden die von § 138 Abs. 2 BGB gezogenen Grenzen unterlaufen.

Bei einem besonders groben Missverhältnis zwischen Leistung und Gegenleistung wird eine verwerfliche Gesinnung vermutet. Ein solcher Fall liegt vor, wenn der Wert der Leistung etwa doppelt so hoch ist wie der Wert der Gegenleistung.

Weiterführende Literatur:

Hans Brox/Wolf-Dietrich Walker, Allgemeiner Teil des BGB, 48. Aufl. 2024, § 4 Rn. 28 ff. und §§ 12–15

Dieter Medicus/Jens Petersen, Grundwissen zum Bürgerlichen Recht, 13. Aufl. 2024, § 7 Rn. 11–22

Astrid Stadler, Allgemeiner Teil des BGB, 21. Aufl. 2022, § 16 Rn. 1 ff. und §§ 24, 26.

Zur Drittwirkung der Grundrechte: Hans Brox/Wolf-Dietrich Walker, Allgemeiner Teil des BGB, 48. Aufl. 2024, § 2 Rn. 9 f.

Jörn Ipsen, Staatsrecht II, 24. Aufl. 2021, Rn. 68 ff.

§ 13 Einseitige und mehrseitige Rechtsgeschäfte

I. Einseitige Rechtsgeschäfte

Einseitige Rechtsgeschäfte enthalten die Willenserklärung nur einer Person. Beispiele sind das Testament (§ 1937 BGB), die Auslobung (§ 657 BGB) und die Anfechtung (§§ 119 ff. BGB).

II. Mehrseitige Rechtsgeschäfte

Mehrseitige Rechtsgeschäfte enthalten Willenserklärungen mehrerer Personen. Der wichtigste Fall ist der Vertrag: Erforderlich sind Angebot und Annahme (§§ 145 ff. BGB).

Weiterführende Literatur:

Hans Brox/Wolf-Dietrich Walker, Allgemeiner Teil des BGB, 48. Aufl. 2024, § 4 Rn. 31 ff.

Dieter Medicus/Jens Petersen, Grundwissen zum Bürgerlichen Recht, 13. Aufl. 2024, § 3 Rn. 10–13

Astrid Stadler, Allgemeiner Teil des BGB, 21. Aufl. 2022, § 16 Rn. 4 ff.

§ 14 Verpflichtungs- und Verfügungsgeschäfte

Verpflichtungsgeschäfte begründen eine Leistungspflicht gegenüber einem anderen. Es entsteht ein Schuldverhältnis, § 241 BGB. Schuldverhältnisse können rechtsgeschäftlicher Natur sein (in der Regel Vertrag, § 311 Abs. 1 BGB, selten einseitiges Rechtsgeschäft wie etwa die Auslobung gemäß § 657 BGB), aber auch nicht rechtsgeschäftlicher Natur (beispielsweise Delikt, § 823 Abs. 1 BGB).

Verfügungsgeschäfte sind hingegen Rechtsgeschäfte, die bestehende Rechte verändern. Es geht um die Übertragung, Belastung, Aufhebung oder Inhaltsänderung von Rechten. Beispiele für ein mehrseitiges Verfügungsgeschäft sind die Übertragung des Eigentums gemäß §§ 929 ff. BGB oder die Abtretung einer Forderung (§§ 398 ff. BGB), Beispiele für ein nur einseitiges Verfügungsgeschäft sind die Anfechtung einer Willenserklärung gemäß §§ 119 ff. BGB oder die Eigentumsaufgabe gemäß § 959 BGB.

Merkformel: Verpflichtungsgeschäfte binden. Verfügungsgeschäfte binden nicht, sondern wirken.[39]

39 Dieter Medicus/Jens Petersen, Bürgerliches Recht, 29. Aufl. 2023, Rn. 32.

Oben war vom Wucher (§ 138 Abs. 2 BGB) die Rede. Durch die Formulierung „versprechen oder gewähren lässt“ nimmt § 138 Abs. 2 BGB Bezug auf das Verpflichtungs- („versprechen“) und das Verfügungsgeschäft des Bewucherten („gewähren lässt“). Eine schwierige Frage ist, ob bzw. wann in Fällen der Sittenwidrigkeit gemäß § 138 Abs. 1 BGB der Mangel des Verpflichtungsgeschäfts auf das Verfügungsgeschäft „durchschlägt“. Insbesondere die Rechtsprechung bejaht das, wenn die Sittenwidrigkeit gerade im Vollzug der Leistung liegt.

Weiterführende Literatur:

Hans Brox/Wolf-Dietrich Walker, Allgemeiner Teil des BGB, 48. Aufl. 2024, § 5 Rn. 1 ff.

Dieter Medicus/Jens Petersen, Grundwissen zum Bürgerlichen Recht, 13. Aufl. 2024, § 3 Rn. 12 f.

Astrid Stadler, Allgemeiner Teil des BGB, 21. Aufl. 2022, § 16 Rn. 9 ff.

§ 15 Trennungsprinzip und Abstraktionsprinzip

> „Wenn man [das Abstraktionsprinzip] einmal begriffen hat, kann man sich anderen schon ein wenig überlegen fühlen. Wissen ist Macht. Und Recht ist eine Herrschaftswissenschaft. [...] Das Abstraktionsprinzip ist ein wichtiger Beitrag zur Sozialisation von Juristen.“[40]

I. Trennungsprinzip

Verpflichtungsgeschäft und Verfügungsgeschäft sind rechtlich voneinander getrennt.

Der Kaufvertrag etwa verpflichtet den Verkäufer u. a. dazu, dem Käufer das Eigentum an der Sache zu verschaffen (§ 433 Abs. 1 Satz 1 BGB). Erfüllt wird diese Verpflichtung durch eine Rechtsänderung hinsichtlich der Eigentumslage, also durch ein Verfügungsgeschäft. Bei beweglichen Sachen sind die §§ 929 ff. BGB maßgeblich.

Um einem Missverständnis vorzubeugen: Die Erfüllung einer Verpflichtung setzt mitnichten immer eine Verfügung voraus.

Also: Die Rechtsänderung wird nicht schon durch den Kaufvertrag bewirkt. Es gibt allerdings zahlreiche Rechtsordnungen, etwa die französische, in denen

40 Uwe Wesel, Juristische Weltkunde, hier wieder zitiert nach der 8. Aufl. 2000, S. 91.

das anders ist (sog. Einheitsprinzip, das der Vorstellung juristischer Laien eher entspricht).

Art. 711 Code civil bestimmt:

> La propriété des biens s'acquiert et se transmet [...] par l'effet des obligations[41].
>
> Übersetzung: Eigentum wird durch Verpflichtungen [z. B. einen Kaufvertrag] erworben und übertragen.

Zurück zum deutschen Recht: Kauft man beim Bäcker ein belegtes Brötchen, werden nach dem Gesagten drei Verträge geschlossen: der Kaufvertrag, die Einigung hinsichtlich der Eigentumsübertragung am Brötchen und die Einigung bezüglich des Eigentumsübergangs am Geld.

II. Abstraktionsprinzip

Verpflichtungs- und Verfügungsgeschäft sind nicht nur voneinander getrennt. Das BGB geht, aufbauend auf dem Trennungsprinzip, noch weiter:

> Die Wirksamkeit des Verfügungsgeschäfts hängt nicht von der Wirksamkeit des Verpflichtungsgeschäfts ab (Abstraktionsprinzip).

Beispiel: Der Käufer befindet sich im Zeitpunkt des Kaufvertragsschlusses unerkannt im Zustand einer „vorübergehenden Störung der Geistestätigkeit". Im Zeitpunkt der Übereignung der Sache befindet er sich nicht mehr in diesem Zustand. Der Kaufvertrag ist nichtig (§ 105 Abs. 2 BGB), die Übereignung der Sache (§ 929 Satz 1 BGB) nicht. Der Verkäufer hat sein Eigentum an den Käufer verloren. Allerdings fehlt ein Rechtsgrund für den Eigentumserwerb, sodass der Verkäufer verlangen kann, dass ihm die Sache zurückgegeben und das Eigentum daran zurückübertragen wird (§ 812 Abs. 1 Satz 1 Alt. 1 BGB, „Bereicherungsrecht").[42]

Es gibt Fälle sog. Fehleridentität. Das bedeutet, dass beide Geschäfte aus demselben Grund nichtig sind. So etwa, wenn im Beispielsfall der Käufer beide Male vorübergehend geistesgestört gewesen wäre.

Das Gegenstück zum Abstraktionsprinzip, das sich etwa in der österreichischen Rechtsordnung findet, ist das Kausalprinzip.

---

41 Von lat. *obligatio* = Verpflichtung.
42 Dazu § 30.

§ 380 ABGB lautet:

> Ohne Titel [d. h. ohne wirksames Verpflichtungsgeschäft] und ohne rechtliche Erwerbungsart [beim Erwerb beweglicher Sachen ist das die mit Übertragungswillen vorgenommene Übergabe] kann kein Eigenthum erlangt werden.[43]

Der Eigentumserwerb hängt hier (auch) vom Rechtsgrund der Zuwendung ab, lat. *causa*, also etwa dem Kaufvertrag; daher der Begriff „Kausalprinzip".

Schon dieser kurze Blick auf andere Rechtsordnungen zeigt im Übrigen: „Drei Breitengrade näher zum Pol werfen die ganze Jurisprudenz über den Haufen; ein Meridian entscheidet über die Wahrheit. [...] Was auf dieser Seite der Pyrenäen Wahrheit ist, ist auf der anderen Seite Irrtum."[44]

III. Der Sinn des Ganzen

Das Abstraktionsprinzip trägt zur Rechtssicherheit bei. Angenommen, A veräußert eine Sache an B, B an C, C an D usw. Ist der Kaufvertrag zwischen A und B nichtig, wird B gleichwohl Eigentümer: Schon C kann dann von B – rechtssicher und ohne Rücksicht auf die Frage der Gutgläubigkeit (§ 932 Abs. 2 BGB) – vom Berechtigten das Eigentum erwerben. Von noch größerer Tragweite ist das dort, wo ein gutgläubiger Erwerb gar nicht erst in Betracht kommt, insbesondere beim Erwerb von Forderungen gemäß §§ 398 ff. BGB.

Dass das Abstraktionsprinzip zur Sozialisation von Juristen beiträgt, wie Uwe Wesel im eingangs zitierten Text sagt, ist natürlich eine vom Gesetzgeber nicht beabsichtigte Nebenfolge.

Weiterführende Literatur:

Hans Brox/Wolf-Dietrich Walker, Allgemeiner Teil des BGB, 48. Aufl. 2024, § 5 Rn. 15 ff.

Dieter Medicus/Jens Petersen, Grundwissen zum Bürgerlichen Recht, 13. Aufl. 2024, § 3 Rn. 14

Astrid Stadler, Allgemeiner Teil des BGB, 21. Aufl. 2022, § 16 Rn. 15 ff.

Für diejenigen, die sich für den historischen Hintergrund des Trennungs- und Abstraktionsprinzips interessieren: Alexander Neumann, Die römisch-rechtlichen (?) Grundlagen des Trennungs- und Abstraktionsprinzips und des dinglichen Vertrags, Studentische Zeitschrift für Rechtswissenschaft (StudZR) 2012, 443 ff. (auch online abrufbar unter www.studzr.de/archiv.php).

---

43 Sog. Titel-Modus-Prinzip, siehe Peter Bydlinski, Allgemeiner Teil des Bürgerlichen Rechts, 10. Aufl. 2024, Rn. 6/52 ff.

44 Blaise Pascal (1623–1662), Gedanken, Nr. 60 (Zählung Lafuma) bzw. 294 (Brunschvicg).

§ 16 Tatbestandsmerkmale der Willenserklärung

Eine Willenserklärung ist, wie bereits gesagt, eine private Erklärung einer Person, die auf die Herbeiführung einer Rechtsfolge gerichtet ist. Sie hat einen inneren bzw. subjektiven Tatbestand (Wille) und einen äußeren bzw. objektiven Tatbestand (Erklärung).

I. Äußerer (objektiver) Tatbestand

Erforderlich ist ein Verhalten, das von außen betrachtet den Schluss auf einen bestimmten rechtsgeschäftlichen Willen, einen Rechtsbindungswillen, zulässt.

Ggf. bewegt sich das Verhalten nur in den Bahnen einer reinen Gefälligkeit (z. B. aus freundschaftlicher Verbundenheit). Dann fehlt der Rechtsbindungswille. Bedeutsam für die Abgrenzung sind etwa die rechtliche und wirtschaftliche Bedeutung der Angelegenheit.

Beispiel: Autofahrer A nimmt den Anhalter X auf dem Weg von Hamburg nach Berlin an einer Autobahnraststätte nahe Hamburg mit. X möchte in Berlin abgesetzt werden. A ist damit einverstanden. Kurz danach bekommt A einen Anruf von seinem Chef. Er soll sofort ins Hamburger Büro zurückkommen. X ist der Meinung, A sei verpflichtet, ihn nach Berlin zu fahren. X irrt. Er durfte nicht davon ausgehen, dass sich A – zumal ohne Kenntnis des Reisegrundes des X – rechtlich binden wollte.

1. Ausdrückliche Willenserklärung

Bei einer ausdrücklichen Willenserklärung kommt der rechtsgeschäftliche Wille unmittelbar zum Ausdruck.

Beispiel: „Ich biete Ihnen mein Auto für 10.000 € zum Kauf an."

2. Konkludente (schlüssige) Willenserklärung

Hier lassen die Umstände den Schluss auf das Vorliegen eines rechtsgeschäftlichen Willens zu.

Beispiel: Einsteigen in ein öffentliches Verkehrsmittel. Die Auslegung ergibt hier, dass eine Willenserklärung vorliegt, die auf den Abschluss eines Beförderungsvertrages gerichtet ist.

Denkbar ist – *o tempora, o mores* – auch die Abgabe von Willenserklärungen unter Verwendung von Emoticons usw.: V möchte sein gebrauchtes Auto verkaufen. K ist interessiert. Beide verhandeln über den Kaufvertrag, kommen aber vorerst zu keinem Ergebnis. Der spätere WhatsApp-Verlauf sieht wie folgt aus:

V: 🚗 5.000 €?

K: 👍

Es ist ein Kaufvertrag über das Auto zum Preis von 5.000 € zustande gekommen.

3. Schweigen

Schweigen (d. h. hier: sich nicht äußern, ob nun verbal oder nonverbal) ist in der Regel keine Willenserklärung. Es gibt aber Ausnahmen, z. B. kraft Vereinbarung oder gesetzlicher Anordnung wie in § 516 Abs. 2 Satz 2 BGB (Annahme einer Schenkung).

II. Innerer (subjektiver) Tatbestand

Der Kundgabe einer Erklärung nach außen liegt regelmäßig ein bestimmter Wille des Erklärenden zugrunde. Dieser Wille wird unterteilt in den Handlungswillen, das Erklärungsbewusstsein und den Geschäftswillen.

1. Handlungswille

Handlungswille ist der Wille, überhaupt handeln zu wollen. Ohne Handlungswillen liegt keine wirksame Willenserklärung vor. Er fehlt beispielsweise, wenn jemand reflexartig oder im Schlaf handelt. Realistische Beispiele lassen sich kaum bilden. Im Schlaf oder unter Hypnose werden Verträge selten geschlossen.

2. Erklärungsbewusstsein

Erklärungsbewusstsein ist das Bewusstsein des Handelnden, dass er *irgendwie* rechtserheblich handelt.

Ein **Beispiel** („Trierer Weinversteigerungsfall"): Tourist T besucht in Trier eine Weinversteigerung. Dort entdeckt er einen Freund, den er durch Handheben grüßt. Danach bietet niemand mehr. Der Auktionator, der das Winken als Gebot versteht, schlägt dem T die zum Verkauf stehende Kiste Wein zu (siehe hierzu § 156 Satz 1 BGB). Besteht gegen T ein Anspruch auf Zahlung des Kaufpreises gemäß § 433 Abs. 2 BGB?

Das Handheben erfüllt aus der Sicht des Auktionators den objektiven Tatbestand der Willenserklärung (Angebot zum Abschluss eines Vertrages). Auch der Handlungswille ist nicht zweifelhaft. Doch wie steht es um das Erklärungsbewusstsein? T war sich der Tatsache, irgendwie rechtsgeschäftlich zu handeln, nicht bewusst. Er wollte lediglich grüßen. Wollte man ein **tatsächlich** bestehendes Erklärungsbewusstsein für erforderlich halten, wäre kein Vertrag zustande gekommen. Das würde dem Interesse des T voll und ganz Rechnung tragen. Denn er wollte sich ja gerade nicht rechtlich binden. Die Ansicht, dass ein tatsächlich bestehendes Erklärungsbewusstsein erforderlich ist, wird in der Rechtswissenschaft vertreten. Zur Begründung wird häufig auf § 118 BGB verwiesen. Nach dieser Vorschrift ist eine nicht ernstlich gemeinte Willenserklärung, die in der Erwartung abgegeben wird, der Mangel der Ernstlichkeit werde nicht verkannt werden, nichtig („guter Scherz"). Sie hat einen Fall des fehlenden Erklärungsbewusstseins zum Gegenstand: Der „Scherzende" ist sich nicht bewusst, rechtserheblich zu handeln. Wenn aber nicht einmal derjenige, so das aus § 118 BGB abgeleitete Argument, der bewusst den äußeren Tatbestand einer Willenserklärung setze, gebunden sei, dann erst recht nicht derjenige, der dies – wie T im Beispielsfall – unbewusst tue.[45]

Würde man dabei stehen bleiben, blieben die Interessen des anderen gänzlich unberücksichtigt. Er kann im Vertrauen auf die Erklärung Dispositionen getroffen, etwa davon abgesehen haben, die Sache anderweitig zu verkaufen. Daher gewähren ihm diejenigen, die der Auffassung sind, dass in Fällen fehlenden Erklärungsbewusstseins keine Willenserklärung vorliege, immerhin Schadensersatzansprüche.

Insbesondere die Rechtsprechung steht aber auf dem Standpunkt, dass ein **potenzielles** Erklärungsbewusstsein genügt. Es liegt vor, wenn der Handelnde – wie im Beispiel – bei Anwendung der im Verkehr erforderlichen Sorgfalt hätte erkennen und vermeiden können, dass seine Erklärung als Willenserklärung aufgefasst wird. Erforderlich ist aber weiter, dass der andere tatsächlich vom Vorliegen einer Willenserklärung ausgegangen ist. Anderenfalls ist er nicht schutzwürdig.[46] Im Beispielsfall ist, gemessen an dem Gesagten, ein Kaufvertrag zustande gekommen, sodass T den Kaufpreis zahlen muss.

Immerhin hat T die Möglichkeit der Anfechtung analog § 119 Abs. 1 Alt. 1 BGB. Dann macht er sich aber ggf. gemäß § 122 BGB schadensersatzpflichtig. Das Anfechtungsrecht wird weiter unten gesondert dargestellt. Hier nur Folgendes: Wer bei der Abgabe einer Willenserklärung über deren Inhalt im Irrtum war, kann sie grundsätzlich anfechten (§ 119 Abs. 1 Alt. 1 BGB). Das muss auch für denjenigen gelten, der – wie hier T – schon gar keine Willenserklärung abgeben wollte.

3. Geschäftswille

Geschäftswille ist der Wille, der auf den Abschluss eines Rechtsgeschäfts mit einem konkreten Inhalt gerichtet ist, etwa auf den Kauf einer bestimmten Sache. Eine Abweichung zwischen dem Geschäftswillen und der abgegebenen Erklä-

45 Claus-Wilhelm Canaris, NJW 1984, 2281.
46 BGH v. 7.6.1984, IX ZR 66/83 = NJW 1984, 2279.

rung berechtigt nur zur Anfechtung, §§ 119 ff. BGB. Daraus folgt, dass Fehler in diesem Bereich nicht ohne Weiteres zur Nichtigkeit der Willenserklärung führen (können).

Weiterführende Literatur:

Hans Brox/Wolf-Dietrich Walker, Allgemeiner Teil des BGB, 48. Aufl. 2024, § 4 Rn. 14–23

Dieter Medicus/Jens Petersen, Grundwissen zum Bürgerlichen Recht, 13. Aufl. 2024, § 7 Rn. 2 ff.

Astrid Stadler, Allgemeiner Teil des BGB, 21. Aufl. 2022, § 17 Rn. 1–32.

§ 17 Abgabe und Zugang von Willenserklärungen

I. Abgabe von Willenserklärungen

Eine Willenserklärung ist abgegeben, wenn der Erklärende seinen Willen so geäußert hat, dass an der Endgültigkeit seines Willens keine Zweifel bestehen.

1. Nicht empfangsbedürftige Willenserklärungen

Bei nicht empfangsbedürftigen Willenserklärungen (z. B. Testament) genügt für die Abgabe die willentliche Entäußerung (im Testamentsfall: der Erblasser stellt sein Testament fertig).

2. Empfangsbedürftige Willenserklärungen

Bei empfangsbedürftigen Willenserklärungen, z. B. einem Vertragsangebot, ist es erforderlich, dass die Erklärung gezielt in Richtung auf den Empfänger erfolgt, sodass bei Zugrundelegung normaler Verhältnisse mit einem Zugang zu rechnen ist.

Klassisches **Gegenbeispiel**: Eine Putzfrau bringt ein nur vorbereitetes Kündigungsschreiben des X ohne dessen Willen zur Post. Es fehlt an einer zielgerichteten Entäußerung durch X und damit an der Abgabe einer Willenserklärung (sog. „abhandengekommene Willenserklärung“).

Ggf. hat der Erklärungsempfänger aber einen Schadensersatzanspruch.

II. Zugang von Willenserklärungen

Empfangsbedürftige Willenserklärungen werden in der Regel erst mit Zugang wirksam, § 130 Abs. 1 Satz 1 BGB. Ausnahme: § 151 BGB.[47] Ergänzend bestimmt

47 Dazu § 20 I.2.b).

§ 130 Abs. 1 Satz 2 BGB, dass sie nicht wirksam werden, wenn dem anderen vorher oder gleichzeitig ein Widerruf zugeht.

1. Zugang einer verkörperten (textlich fixierten) Willenserklärung

Der Zugang einer verkörperten Willenserklärung erfolgt, wenn sie derart in den Machtbereich des Empfängers gelangt ist, dass bei Zugrundelegung normaler Verhältnisse mit der Kenntnisnahme durch den Empfänger zu rechnen ist. Zudem muss ihm die Kenntnisnahme zumutbar sein.

Beispiel: Das um 23 Uhr eingeworfene Kündigungsschreiben geht im Rechtssinne erst zu, sobald nach der Verkehrsanschauung mit der nächsten Leerung des Briefkastens zu rechnen ist, also erst am Folgetag.

2. Zugang einer nicht verkörperten (mündlichen) Willenserklärung

Der Zugang erfolgt hier nach Ansicht der Rechtsprechung erst, wenn die Erklärung richtig vernommen worden ist.

3. Zugangshindernisse, insbesondere: Annahmeverweigerung

a) Annahmeverweigerung
Wird die Annahme unberechtigt verweigert, ist ein Zugang zu bejahen. Es bestand nämlich die zumutbare Möglichkeit, Kenntnis zu nehmen.

b) Sonstiges
Bei Einschreiben bewirkt der Einwurf des Benachrichtigungszettels in den Briefkasten noch keinen Zugang. Das Schreiben selbst befindet sich nämlich noch im Machtbereich der Post. Der Zugang erfolgt grundsätzlich erst mit Abholung.

Weiterführende Literatur:

Hans Brox/Wolf-Dietrich Walker, Allgemeiner Teil des BGB, 48. Aufl. 2024, § 7

Dieter Medicus/Jens Petersen, Grundwissen zum Bürgerlichen Recht, 13. Aufl. 2024, § 5 Rn. 5

Astrid Stadler, Allgemeiner Teil des BGB, 21. Aufl. 2022, § 17 Rn. 33–62

Johannes Wertenbruch, Abgabe und Zugang von Willenserklärungen, Juristische Schulung (JuS) 2020, 481 ff.

§ 18 Auslegung von Willenserklärungen

Für die Auslegung von Willenserklärungen gelten die §§ 133, 157 BGB.

I. Auslegungszweifel

1. Zweifelhaft kann schon sein, ob überhaupt eine Willenserklärung vorliegt. Das ist insbesondere nicht der Fall bei
   - nur vorbereitenden Handlungen, z. B. einer Schaufensterauslage – damit werden Interessenten lediglich zur Abgabe eines Angebots eingeladen – und
   - reinen Gefälligkeiten.[48]

   Hier fehlt der Rechtsbindungswille.
   Bei werbenden Maßnahmen, die an eine Vielzahl von Personen gerichtet sind – wie einer Schaufensterauslage –, hat der Werbende regelmäßig gute Gründe, sich nicht sofort der Gefahr einer rechtlichen Bindung auszusetzen (Prüfung des eigenen Warenbestandes, Prüfung der Solvenz des potenziellen Vertragspartners usw.).
2. Fraglich kann aber auch sein, welchen Inhalt eine Willenserklärung hat.

II. Subjektive und objektive Auslegung

1. Subjektive Auslegung

§ 133 BGB bestimmt, dass bei der Auslegung einer Willenserklärung der wirkliche Wille zu erforschen (daher „subjektive" Auslegung) und nicht an dem buchstäblichen Sinne des Ausdrucks zu haften ist. Das gilt jedoch lediglich bei nicht empfangsbedürftigen Willenserklärungen, etwa einem Testament. Schutzwürdig ist hier nämlich nur der Erklärende.

Im Übrigen: Wäre der wirkliche Wille auch bei empfangsbedürftigen Willenserklärungen entscheidend, bedürfte es der Anfechtungsmöglichkeiten gemäß §§ 119 f. BGB nicht (ein Beispiel für eine systematische Auslegung).[49]

2. Objektive Auslegung

Bei empfangsbedürftigen Willenserklärungen (z. B. einem Angebot) erfolgt eine objektive Auslegung. Es kommt grundsätzlich darauf an, wie ein vernünftiger Durchschnittsempfänger die Erklärung verstehen darf (Auslegung nach dem ob-

---

48 Oben § 16 I.

49 Uwe Diederichsen, Auf dem Weg zur Rechtsdogmatik, in: Rechtsgeschichte und Privatrechtsdogmatik, Herausgeber: Reinhard Zimmermann, 1999, 65, 70.

jektiven Empfängerhorizont). Dahinter steht der Gedanke des Vertrauensschutzes. Hier wird § 157 BGB herangezogen, wonach Verträge so auszulegen sind, wie Treu und Glauben mit Rücksicht auf die Verkehrssitte es erfordern. Die Vorschrift kommt aber – über ihren Wortlaut hinaus – nicht nur bei Verträgen zur Anwendung.

Für die Auslegung relevant sind der Wortlaut der Erklärung und die sie begleitenden Umstände.

Zu beachten ist, dass ein Vertragsschluss, wenn sich der wirkliche Wille der Parteien deckt, grundsätzlich nicht daran scheitert, dass die Parteien versehentlich oder absichtlich etwas anderes erklären: „Falschbezeichnung schadet nicht." Wenn also eine Einigung über den Verkauf eines „Fahrrads" erzielt worden ist, beide Vertragsparteien aber wissen, dass damit die Harley-Davidson in der Garage des Verkäufers gemeint ist, kommt der Vertrag über das Motorrad zustande.

Weiterführend Literatur:

Hans Brox/Wolf-Dietrich Walker, Allgemeiner Teil des BGB, 48. Aufl. 2024, § 6
Dieter Medicus/Jens Petersen, Grundwissen zum Bürgerlichen Recht, 13. Aufl. 2024, § 5 Rn. 7
Astrid Stadler, Allgemeiner Teil des BGB, 21. Aufl. 2022, § 18.

§ 19 Willensmängel

Wille und Erklärung können – bewusst oder unbewusst – voneinander abweichen. Man spricht dann von Willensmängeln.

I. Bewusstes Abweichen von Wille und Erklärung

1. Geheimer Vorbehalt

Unter einem geheimen Vorbehalt versteht man den Vorbehalt, das Erklärte nicht zu wollen, § 116 Satz 1 BGB. Er ist grundsätzlich unbeachtlich, es sei denn, der Erklärungsempfänger kennt den Vorbehalt: Dann ist er nicht schutzwürdig.

2. Scheingeschäft

Hier handeln beide, d. h. der Erklärende und der Erklärungsempfänger (§ 117 Abs. 1 BGB: „mit dessen Einverständnis") nur zum Schein. Rechtsfolge ist Nichtigkeit, § 117 Abs. 1 BGB. Eine Erklärung kann keine rechtsgeschäftlichen Folgen haben, wenn die Handelnden sie übereinstimmend nicht wollen. Das ist eine Folge des Grundsatzes der Privatautonomie.

Beispiel: Verkäufer und Käufer wollen einen Vertrag über ein Grundstück zum Preis von 1 Mio. € schließen. Im notariell beurkundeten Kaufvertrag (§ 311b Abs. 1 Satz 1 BGB) wird allerdings ein Kaufpreis von nur 750.000 € genannt (weil Kosten und Steuern gespart werden sollen). Der beurkundete Kaufvertrag ist gemäß § 117 Abs. 1 BGB nichtig. Denn der beurkundete Kaufpreis war von beiden nicht gewollt. Der gewollte, aber nicht beurkundete Kaufvertrag ist ebenfalls nichtig: § 117 Abs. 2 BGB in Verbindung mit §§ 125 Satz 1, 311b Abs. 1 Satz 1 BGB. Er entspricht nicht der gesetzlich vorgeschriebenen Form.

3. Sog. Scherzerklärung, § 118 BGB

Eine nicht ernstlich gemeinte Willenserklärung, die in der Erwartung abgegeben wird, der Mangel der Ernstlichkeit werde nicht verkannt werden, ist gemäß § 118 BGB nichtig. Der Erklärende darf freilich nicht mit Täuschungsabsicht handeln („guter Scherz"). Darauf, ob der Erklärungsempfänger die mangelnde Ernstlichkeit erkannt hat oder jedenfalls hätte erkennen können, kommt es nicht an. Ggf. trifft den Erklärenden aber eine Schadensersatzpflicht gemäß § 122 BGB.

II. Irrtum/Irrtumsanfechtung

Irren ist menschlich. Dem trägt auch das BGB Rechnung. Es gibt demjenigen, der sich im Zusammenhang mit der Abgabe einer Willenserklärung geirrt hat, unter bestimmten Voraussetzungen die Möglichkeit der Anfechtung, um seine Willenserklärung wieder zu beseitigen. Die einschlägigen Regelungen suchen einen angemessenen Ausgleich zwischen der Privatautonomie des Erklärenden und dem Schutz des Vertrauens des Erklärungsempfängers.

1. Vorrang der Auslegung vor der Anfechtung

Die Auslegung geht der Anfechtung vor.

Beispiel: K und V haben über den Inhalt eines Kaufvertrags verhandelt. Dabei war klar, dass der Kaufpreis 5.000 € betragen soll, was marktüblich ist. In dem von V schließlich formulierten Angebotsschreiben heißt es versehentlich „500 €". K nimmt das Angebot an. Muss V hier wegen eines Irrtums (Erklärungsirrtum im Sinne des § 119 Abs. 1 Alt. 2 BGB) anfechten? Nein, denn die Auslegung ergibt, dass der Kaufpreis 5.000 € betragen soll. Bei der Auslegung aus der Sicht eines verständigen Erklärungsempfängers ist auch die „Entstehungsgeschichte" des Kaufvertrags zu berücksichtigen. Für eine Anfechtung ist kein Raum.

2. Inhaltsirrtum und Erklärungsirrtum

Beim Inhaltsirrtum (§ 119 Abs. 1 Alt. 1 BGB) und beim Erklärungsirrtum (§ 119 Abs. 1 Alt. 2 BGB) stimmen das Gewollte und das (objektiv) Erklärte nicht überein.

a) Erklärungsirrtum gemäß § 119 Abs. 1 Alt. 2 BGB
Ein Erklärungsirrtum liegt vor, wenn der Erklärende „eine Erklärung dieses Inhalts überhaupt nicht abgeben" wollte.

> Beim Erklärungsirrtum geht es um Fälle des Versprechens, Verschreibens, Vergreifens. Beispiel: Der Verkäufer will für 150 € anbieten, schreibt aber versehentlich 105 €.

b) Inhaltsirrtum gemäß § 119 Abs. 1 Alt. 1 BGB
Hier liegt der Fall so, dass der Erklärende „bei der Abgabe einer Willenserklärung über deren Inhalt im Irrtume war".

> Merkformel: Die Erklärende weiß, *was* er sagt, er weiß aber nicht, was er *damit* sagt.

Klassisches **Beispiel** („Toilettenpapierfall"): Eine Schulleiterin bestellt für ihre Schule „25 Gros Rollen" Toilettenpapier (Gros = 12 × 12). Bei der Warenanlieferung verweigert sie die Annahme und Bezahlung des Großteils der 3.600 gelieferten Rollen. Tatsächlich wollte sie nur 25 (große) Rollen bestellen. Die Schulleiterin wusste zwar, was sie sagt („25 Gros Rollen"), aber nicht, was sie mit ihrer Äußerung bei verständiger Würdigung tatsächlich zum Ausdruck gebracht hat.

c) Sog. Botenirrung gemäß § 120 BGB
Die unrichtige Übermittlung einer Willenserklärung durch eine hierfür verwendete Person (Erklärungsbote) oder Einrichtung (z. B. Provider) wird nach § 120 BGB dem Erklärungsirrtum gemäß § 119 Abs. 1 Alt. 2 BGB gleichgestellt. Wille und Erklärung weichen auch hier voneinander ab.
Voraussetzung ist, dass die Erklärung unbewusst unrichtig übermittelt wird. Bei bewusst unrichtiger Übermittlung ist die Erklärung dem Erklärenden schon nicht zuzurechnen.

Ggf. kommen im Fall einer bewusst unrichtigen Übermittlung Schadensersatzansprüche des Erklärungsempfängers gegen den Boten (§ 179 BGB analog[50]) oder den Erklärenden in Betracht.

3. Eigenschaftsirrtum

§ 119 Abs. 2 BGB hat den Irrtum über solche Eigenschaften einer Person oder Sache zum Gegenstand, die im Rechtsverkehr als wesentlich angesehen werden. Es geht um einen Irrtum bei der Willensbildung (sog. Motivirrtum).

Eigenschaften sind alle gegenwärtigen, rechtlichen und tatsächlichen Verhältnisse, die einer Sache oder Person für eine gewisse Dauer anhaften und für die Wertschätzung von Bedeutung sind. Eigenschaften einer Sache sind etwa Alter, Herkunft, Material, Echtheit; Eigenschaften einer Person z. B. deren Kreditwürdigkeit. Achtung: Der Wert/Preis einer Sache ist keine Eigenschaft; er ergibt sich vielmehr erst aus ihren Eigenschaften.

Verkehrswesentlich sind solche Eigenschaften, die einer Sache üblicherweise anhaften und generell im Verkehr für die Wertschätzung bedeutsam sind (z. B. das Alter eines Kfz beim Gebrauchtwagenkauf, die Kreditwürdigkeit des Darlehensnehmers bei einem Kreditgeschäft). Darüber hinausgehende – besondere – Eigenschaften sind relevant, wenn sie (zumindest konkludent) zum Gegenstand des Rechtsgeschäfts gemacht werden.

Andere Irrtümer bei der Willensbildung sind in der Regel unbeachtlich.

4. Kausalität

Ein Irrtum gemäß §§ 119 f. BGB muss für die Willenserklärung kausal (= ursächlich) geworden sein. Es muss, so heißt es in § 119 Abs. 1 BGB, anzunehmen sein, dass sie bei Kenntnis der Sachlage und bei verständiger Würdigung des Falles (Letzteres dient dazu, „Eigensinn, subjektive Launen und törichte Anschauungen"[51] unberücksichtigt zu lassen) nicht abgegeben worden wäre.

III. Arglistige Täuschung und widerrechtliche Drohung

Wer zur Abgabe einer Willenserklärung durch arglistige Täuschung oder widerrechtliche Drohung bestimmt worden ist, kann die Erklärung gemäß § 123 Abs. 1 BGB anfechten. Die Vorschrift schützt die rechtsgeschäftliche Entschließungsfreiheit.

---

50 Eine Vorschrift aus dem Recht der Stellvertretung, die noch gesondert erörtert wird.
51 Eine Formulierung, die sich schon in der Rechtsprechung des Reichsgerichts findet.

1. Arglistige Täuschung

a) Täuschung

Täuschung ist das Hervorrufen, Bestärken oder Aufrechterhalten einer unrichtigen Vorstellung – also eines Irrtums – über Tatsachen.

Tatsachen sind dadurch gekennzeichnet, dass sie – anders als Werturteile (Meinungen) – dem Beweis zugänglich sind. „Das Fahrzeug ist unfallfrei." Hier geht es um eine Tatsache. Anders, wenn es heißt: „Eines der besten Autos, die bei uns je zum Verkauf standen."

Relevant sind Täuschungen durch ein Tun und solche durch ein Unterlassen, Letzteres jedoch nur, wenn eine Rechtspflicht zur Aufklärung besteht. Das ist eine Einzelfallfrage. Wichtig ist insbesondere die Verkehrsanschauung. Eine Offenbarungspflicht ist beispielsweise bei gezielten Fragen zu bejahen oder bei überlegener Sachkunde, wie sie etwa bei (Gebraucht-)Fahrzeughändlern oder Fachberatern (z. B. Anlageberatern) besteht. Ein Gebrauchtwagenhändler muss den Käufer beispielsweise ungefragt über Unfallschäden unterrichten.

Aufklärungspflichten können sich auch aus dem Gesetz ergeben, so etwa im Wertpapierrecht.

b) Kausalität

Die Täuschung muss zumindest mitbestimmend für die Abgabe der Willenserklärung, also hierfür kausal gewesen sein. Das ist der Fall, wenn die Willenserklärung ohne die Täuschung nicht, zu einer anderen Zeit oder mit einem anderen Inhalt abgegeben worden wäre.

Klärt der Verkäufer den Käufer eines Gebrauchtwagens nicht über einen Unfallschaden auf, hätte der Käufer den Kaufvertrag aber auch in Kenntnis des Schadens zum gleichen Preis geschlossen, fehlt es an der Kausalität.

c) Widerrechtlichkeit

Obwohl das Gesetz es nicht ausdrücklich sagt, muss die Täuschung (ebenso wie die Drohung) widerrechtlich sein.

Ein (zukünftiger) Arbeitnehmer hat gegenüber seinem (zukünftigen) Arbeitgeber bei unzulässigen Fragen ein „Recht zur Lüge". Nach dem Inkrafttreten des AGG sind Fragen, die sich auf ein verbotenes Diskriminierungsmerkmal gemäß § 1 AGG beziehen, grundsätzlich nicht zulässig und dürfen auch wahrheitswidrig beantwortet werden (bei wahrheitsgemäßer Beantwortung oder Nichtbeantwortung besteht das offensichtliche Risiko, die Stelle nicht zu bekommen). Das gilt z. B. in der Regel für die Frage nach einer Schwangerschaft, weil sie nach §§ 1, 7 AGG diskriminierend ist (es geht um das

Merkmal „Geschlecht"). Ein Anfechtungsrecht des „Belogenen" gemäß § 123 BGB (und § 119 Abs. 2 BGB) besteht nicht.

d) Arglist
Arglist meint Vorsatz. Erforderlich ist das Wissen des Täuschenden, dass der andere die Erklärung ohne die Täuschung möglicherweise nicht (oder nicht so) abgeben würde.

e) Täuschung durch Dritte
Für Täuschungen durch Dritte (Personen, die nicht „im Lager" des Erklärungsempfängers stehen) enthält § 123 Abs. 2 BGB ergänzende Regelungen.

2. Widerrechtliche Drohung

a) Drohung
Unter einer Drohung versteht man das Inaussichtstellen eines zukünftigen Übels, auf das der Drohende Einfluss zu haben vorgibt. „Übel" ist jeder Nachteil für den Bedrohten oder eine ihm nahestehende Person. Beispiel: Ankündigung einer Strafanzeige.

b) Kausalität
Auch hier ist – wie bei der arglistigen Täuschung – Kausalität erforderlich.

c) Widerrechtlichkeit
Ausweislich des Wortlauts des Gesetzes muss die Drohung widerrechtlich sein. Das ist der Fall, wenn entweder das eingesetzte Mittel (z. B. Androhung einer Körperverletzung), der mit der Drohung erstrebte Erfolg (eine fast bedeutungslose Fallgruppe, weil insoweit regelmäßig §§ 134, 138 BGB einschlägig sind) oder die Verknüpfung von Mittel und Zweck, die je für sich genommen nicht zu beanstanden sind, rechtswidrig ist.
Beispiel für eine unzulässige Verknüpfung von Mittel und Zweck: Drohung mit einer Strafanzeige wegen eines zufällig beobachteten Delikts für den Fall, dass der Bedrohte nicht sofort eine fällige Leistung erbringt.[52] Eine inadäquate Verknüpfung liegt bei der Drohung mit einer Strafanzeige dagegen nicht vor, wenn es dem Drohenden gerade um Ersatz des Schadens geht, der ihm aus der Straftat entstanden ist.

52 Holger Wendtland, in: Beck'scher Online-Kommentar BGB, Stand: 1.2.2025, § 123 Rn. 33.

IV. Übersicht: Voraussetzungen der Anfechtung

1. Anfechtungsgrund

In Betracht kommen ein Irrtum gemäß §§ 119 f. BGB, eine arglistige Täuschung oder eine widerrechtliche Drohung (§ 123 BGB).

2. Kausalität

Stets ist Kausalität erforderlich, siehe z. B. § 119 Abs. 1 BGB: „[...] wenn anzunehmen ist, dass er [die Willenserklärung] bei Kenntnis der Sachlage und bei verständiger Würdigung des Falles nicht abgegeben haben würde."

3. Anfechtungserklärung, § 143 BGB

Es bedarf einer Anfechtungserklärung. Sie muss erkennen lassen, dass die Willenserklärung wegen eines Irrtums usw. rückwirkend beseitigt werden soll.

Anfechtungsgegner ist bei einem Vertrag in der Regel der Vertragspartner, § 143 Abs. 2 BGB. Bei einem einseitigen Rechtsgeschäft, wie z. B. einer Kündigungserklärung, ist es der Empfänger der Erklärung, § 143 Abs. 3 BGB.

4. Einhaltung von Anfechtungsfristen

Die Möglichkeit anzufechten ist zeitlich begrenzt:

Beim Irrtum muss die Anfechtung unverzüglich nach Kenntniserlangung vom Anfechtungsgrund, also ohne schuldhaftes Zögern (es handelt sich – einmal wieder – um eine Legaldefinition), erfolgen, § 121 BGB.

Die Anfechtung wegen arglistiger Täuschung und widerrechtlicher Drohung muss binnen Jahresfrist erfolgen, beginnend mit dem Ende der Täuschungs- bzw. der Zwangslage, § 124 Abs. 2, 3 BGB.

Achtung: Nach zehn Jahren seit Abgabe der Willenserklärung ist jede Anfechtung ausgeschlossen, §§ 121 Abs. 2, 124 Abs. 3 BGB.

5. Keine Bestätigung des anfechtbaren Rechtsgeschäfts

Gemäß § 144 Abs. 1 BGB ist die Anfechtung ausgeschlossen, wenn das anfechtbare Rechtsgeschäft von dem Anfechtungsberechtigten bestätigt wird.

V. Rechtsfolgen der Anfechtung

Die wirksame Anfechtung hat gemäß § 142 Abs. 1 BGB zur Folge, dass die angefochtene Willenserklärung als von Anfang an nichtig anzusehen ist (lat. *„ex tunc"*, Gegenteil: *„ex nunc"*, d. h. von jetzt an).

Ausgetauschte Leistungen sind gemäß §§ 812 ff. BGB zurückzuerstatten. Zur Verdeutlichung der folgende **Beispielsfall**:

G will Urlaub in einer großen Ferienanlage machen, und zwar in „Haus 12". Andere Häuser mit vergleichbarer Ausstattung gibt es dort nicht. Gerade auf die Ausstattung kommt es dem G an. Bei der Buchung schreibt er versehentlich „Haus 21". Er überweist den vereinbarten Betrag in Höhe von 2.000 €. Als er kurze Zeit später sein Versehen bemerkt, ficht er seine Erklärung gegenüber dem Betreiber der Anlage an.

Lösung: Dass zunächst ein Vertrag zustande gekommen ist, ist nicht zweifelhaft. Für eine Auslegung in dem Sinne, dass Haus 12 gemeint ist, ist kein Raum. (Anders wäre das ggf., wenn G in der Anlage in der Vergangenheit mehrfach Urlaub gemacht hätte und dies immer in Haus 12.) Allerdings hat G seine Erklärung wirksam wegen eines Erklärungsirrtums gemäß § 119 Abs. 1 Alt. 2 BGB angefochten. Er hat versehentlich nicht das erklärt, was er erklären wollte (Fall des Verschreibens). Kausalität ist gegeben: Wäre sich G des Umstands bewusst gewesen, dass er im Begriff ist, „Haus 21" zu schreiben, hätte er dies nicht getan. Es kam ihm ja gerade auf die einzigartige Ausstattung von Haus 12 an. Eine Anfechtungserklärung (§ 143 Abs. 1 BGB) liegt vor. G hat auch den richtigen Adressaten gewählt, nämlich seinen Vertragspartner, § 143 Abs. 1 BGB. Zudem ist die Anfechtung unverzüglich im Sinne des § 121 Abs. 1 BGB erklärt worden. Rechtsfolge: Der Vertrag ist gemäß § 142 Abs. 1 BGB von Anfang an nichtig. G hat – etwas unsauber gesprochen – einen Anspruch auf Rückzahlung der 2.000 €. Anspruchsgrundlage ist § 812 Abs. 1 Satz 1 Alt. 1 BGB (sog. Leistungskondiktion). Der Hotelbetreiber hat durch Leistung des G etwas ohne Rechtsgrund (der Vertrag ist von Anfang an nichtig) erlangt. Das Erlangte ist herauszugeben.[53]

Unter Umständen macht sich der Anfechtende gemäß § 122 BGB schadensersatzpflichtig. Das gilt jedoch nur für die Anfechtung gemäß §§ 119 f. BGB; denn wer täuscht oder droht, verdient keinen Schutz. Auf ein Verschulden des Anfechtenden kommt es nicht an. Zu ersetzen ist der sog. Vertrauensschaden, also der Schaden, den der Anfechtungsgegner dadurch erleidet, dass er auf die Gültigkeit der Erklärung vertraut hat. Es muss der Zustand hergestellt werden, der bestünde, wenn der Anfechtungsgegner von dem Geschäft nie etwas gehört hätte. Erstattungsfähig sind z. B. Fahrtkosten, die dem Käufer für die Abholung der Sache beim Verkäufer entstanden sind.

53 Eingehend zum Bereicherungsrecht unter § 30.

Weiterführende Literatur:
Hans Brox/Wolf-Dietrich Walker, Allgemeiner Teil des BGB, 48. Aufl. 2024, § 16–20
Dieter Medicus/Jens Petersen, Grundwissen zum Bürgerlichen Recht, 13. Aufl. 2024, § 8 Rn. 1–10
Astrid Stadler, Allgemeiner Teil des BGB, 21. Aufl. 2022, § 25.

§ 20 Abschluss von Verträgen, Konsens und Dissens, Kontrahierungszwang

I. Angebot und Annahme

Verträge kommen durch zwei sich inhaltlich deckende Willenserklärungen – Angebot und Annahme – zustande.

1. Angebot

Ein Angebot (§§ 145 ff. BGB: „Antrag") ist eine empfangsbedürftige Willenserklärung, die alle wesentlichen Punkte des Vertrages (*essentialia negotii*) enthält, sodass der Annehmende nur noch „ja" zu sagen braucht, beim Kaufvertrag: Parteien, Kaufsache, Kaufpreis.

Es gelten also die Regeln über Willenserklärungen. Die entsprechenden Tatbestandsvoraussetzungen müssen vorliegen. Eine Auslegung kann etwa ergeben, dass es am objektiven Tatbestand, d. h. einem äußerlich erkennbaren Rechtsbindungswillen, fehlt. Beispiel: Kataloge, Werbeprospekte, nach richtiger Ansicht auch das Aufstellen von Ware z. B. im Supermarkt. Es handelt sich jeweils nur um eine Aufforderung zur Angabe von Angeboten (*invitatio ad offerendum*).[54] Wird Ware im Internet präsentiert, ist das grundsätzlich ebenfalls nur eine *invitatio ad offerendum*; Ausnahmen können sich auf bestimmten Plattformen aber nach Maßgabe der Allgemeinen Geschäftsbedingungen (AGB), die für die Auslegung heranzuziehen sind, ergeben (eBay).

Vorsicht: Die Verwendung des Begriffs „Angebot" bedeutet für sich allein nicht, dass auch ein Angebot im Rechtssinne vorliegt.

54 Siehe oben § 18 I.

2. Annahme

Die Annahme ist – ebenso wie das Angebot – eine empfangsbedürftige Willenserklärung. Sie bringt das Einverständnis mit dem angebotenen Vertrag zum Ausdruck.

a) Rechtzeitigkeit der Annahme
Wurde im Angebot eine Annahmefrist gesetzt, ist diese maßgeblich, § 148 BGB. Anderenfalls kann ein Angebot gegenüber Anwesenden nur sofort angenommen werden (§ 147 Satz 1 BGB), gegenüber Abwesenden bis zu dem Zeitpunkt, in welchem der Eingang einer Antwort regelmäßig erwartet werden darf (Transportfrist des Angebots + Überlegungsfrist + Transportfrist der Annahme), siehe § 147 Abs. 2 BGB. Anderenfalls erlischt der Antrag, § 146 BGB. Eine verspätete Annahme ist ein neuer Antrag, § 150 Abs. 1 BGB. Abänderungen des Angebots durch den Annehmenden stellen eine Ablehnung des Angebots verbunden mit einem neuen Antrag dar, § 150 Abs. 2 BGB.

b) Entbehrlichkeit des Zugangs gemäß § 151 BGB
Die Annahme muss dem Antragenden grundsätzlich zugehen. Der Vertrag kommt aber, so heißt es in § 151 Satz 1 BGB, durch die Annahme des Antrags zustande, ohne dass die Annahme dem Antragenden gegenüber erklärt zu werden braucht, wenn eine solche Erklärung nach der Verkehrssitte nicht zu erwarten ist oder der Antragende auf sie verzichtet hat. Achtung: Entbehrlich ist der Zugang der Annahmeerklärung, nicht die Annahmeerklärung selbst. In den Fällen des § 151 Satz 1 BGB wird die Annahme ausnahmsweise zu einer nicht empfangsbedürftigen Willenserklärung. Das kann z. B. der Fall sein bei einer kurzfristigen Reservierung eines Hotelzimmers. Die – erforderliche – Annahme liegt in der Eintragung der Buchung in der EDV.

3. E-Commerce

§ 312j Abs. 3 Satz 1 BGB bestimmt, dass ein Unternehmer (§ 14 BGB) die Bestellsituation bei einem Verbrauchervertrag im elektronischen Geschäftsverkehr, der den Verbraucher (§ 13 BGB) zur Zahlung verpflichtet, so zu gestalten hat, dass der Verbraucher mit seiner Bestellung ausdrücklich bestätigt, dass er sich zu einer Zahlung verpflichtet. Erfolgt die Bestellung über eine Schaltfläche („Button"), ist die Pflicht des Unternehmers nur erfüllt, wenn diese Schaltfläche gut lesbar mit nichts anderem als den Worten „zahlungspflichtig bestellen" oder mit einer vergleichbar eindeutigen Formulierung beschriftet ist, § 312j Abs. 3 Satz 2 BGB. Ein Vertrag kommt nur zustande, wenn der Unternehmer diese Pflicht erfüllt, § 312j Abs. 4 BGB. Ist das nicht der Fall, hat der Verbraucher nach dem Wortlaut von Absatz 4 also auch dann keinen Anspruch, wenn er ein Interesse am Vertrag hat.

In der zugrunde liegenden Richtlinie der EU[55] heißt es demgegenüber nur, dass der Verbraucher durch den Vertrag oder die Bestellung nicht gebunden ist (also: ein Wahlrecht hat, ob er am Vertrag festhalten will). Wie das Problem zu lösen ist, ist Gegenstand kontroverser Diskussionen.

II. Konsens und Dissens

Eine Einigung liegt vor, wenn Angebot und Annahme sich inhaltlich decken. Man spricht von einem Konsens. Das Gegenteil ist der Dissens (Einigungsmangel).

1. Logischer Dissens

Beim logischen Dissens fehlt es – bewusst oder unbewusst – an einer Einigung über ein *essentiale negotii*, also hinsichtlich eines denknotwendigen Regelungspunkts wie etwa den Kaufpreis. Eine Einigung liegt nicht vor. Geht es um Nebenpunkte, gilt Folgendes:

2. Offener Dissens über Nebenpunkte

Solange sich die Parteien nicht über alle Nebenpunkte (für „Lateiner“: *accidentalia negotii*) eines Vertrags geeinigt haben, über die nach der Erklärung auch nur einer Partei eine Vereinbarung getroffen werden soll (daher: offener Dissens), ist der Vertrag im Zweifel nicht geschlossen, § 154 Abs. 1 Satz 1 BGB. „Im Zweifel“ bedeutet, dass sich aus dem Willen der Parteien ergeben kann, dass der Vertrag gleichwohl wirksam sein soll. Hier bedarf es ggf. der Auslegung.

3. Versteckter Dissens über Nebenpunkte

Haben sich die Parteien bei einem Vertrag, den sie als geschlossen ansehen, über einen Nebenpunkt, über den eine Vereinbarung getroffen werden sollte, in Wirklichkeit nicht geeinigt (unbewusste Einigungslücke), so gilt das Vereinbarte, sofern anzunehmen ist, dass der Vertrag auch ohne eine Bestimmung über diesen Punkt geschlossen sein würde, § 155 BGB. Eine wirksame Vereinbarung gibt es hier also nur, wenn der Vertrag auch ohnedies geschlossen worden wäre.

Derjenige, der schuldhaft einen versteckten Dissens verursacht hat, macht sich ggf. schadensersatzpflichtig.

55 Richtlinie 2011/83/EU des Europäischen Parlaments und des Rates über die Rechte der Verbraucher, dort Art. 8 Abs. 2 UA 2 Satz 3. Zu Richtlinien oben § 1 I.1.

III. Kontrahierungszwang

Grundsätzlich herrscht – verfassungsrechtlich abgesichert (Art. 2 Abs. 1 GG) – Privatautonomie. Diese umfasst auch die Abschlussfreiheit, also die Freiheit, darüber zu entscheiden, ob man einen Vertrag schließen möchte oder nicht. Ein Kontrahierungszwang, also die Verpflichtung, einen Vertrag zu schließen, greift in die Privatautonomie ein und bedarf einer Rechtfertigung.

1. Spezialgesetzlicher Kontrahierungszwang

Es gibt gesetzliche Vorschriften, die einen Kontrahierungszwang ausdrücklich vorsehen, z. B. bei der Personenbeförderung (§ 22 PBefG), der Kfz-Haftpflichtversicherung (§ 5 Abs. 2 PflVG) und der Energieversorgung (§§ 18, 36 EnWG). Die Gründe, aus denen ein Kontrahierungszwang angeordnet wird, sind vielfältig. Er kann etwa dem Zweck dienen, die Versorgung der Bevölkerung mit wichtigen Leistungen sicherzustellen. Das ist bei der Personenbeförderung, der Energieversorgung und – zumindest auch – bei der Pflicht zur Gewährung einer Kfz-Haftpflichtversicherung der Fall. Ein Kfz-Halter ist nach Maßgabe des § 1 PflVG verpflichtet, im Interesse möglicher Opfer eines Verkehrsunfalls eine Kfz-Haftpflichtversicherung abzuschließen. Es handelt sich um eine (auch) für ihn wichtige Leistung, sodass er hierauf grundsätzlich einen Anspruch haben soll.

2. Allgemeiner zivilrechtlicher Kontrahierungszwang

Neben dem spezialgesetzlichen gibt es einen allgemeinen zivilrechtlichen Kontrahierungszwang. Er kann sich u. a. aus einer Schadensersatzpflicht gemäß §§ 826, 249 Abs. 1 BGB ergeben: Wer in einer gegen die guten Sitten verstoßenden Weise einem anderen vorsätzlich Schaden zufügt, ist diesem gemäß § 826 BGB zum Schadensersatz verpflichtet. Wer zum Schadensersatz verpflichtet ist, hat den Zustand herzustellen, der bestehen würde, wenn der zum Ersatz verpflichtende Umstand nicht eingetreten wäre – so kann man es in § 249 Abs. 1 BGB nachlesen. Handelt es sich also bei der Weigerung, einen Vertrag zu schließen, (ausnahmsweise) um eine vorsätzliche sittenwidrige Schädigung, besteht die Herstellung des gemäß § 249 Abs. 1 BGB geschuldeten Zustands im Abschluss des Vertrags. Eine vorsätzliche sittenwidrige Schädigung wird bejaht, wenn ein Monopolist seine Stellung willkürlich missbraucht.

Beispiel: X wohnt in einer entlegenen Ortschaft, wo es nur ein Lebensmittelgeschäft gibt. Dieses weigert sich grundlos, dem X Lebensmittel zu verkaufen. Hier hat X gegen den Inhaber des Lebensmittelgeschäfts einen Anspruch auf (regelmäßigen) Abschluss eines Vertrags gemäß §§ 826, 249 Abs. 1 BGB.

Weiterführende Literatur:

Hans Brox/Wolf-Dietrich Walker, Allgemeiner Teil des BGB, 48. Aufl. 2024, § 4 Rn. 6 f. (Kontrahierungszwang), § 8 (Angebot und Annahme) und § 11 (Konsens und Dissens)

Dieter Medicus/Jens Petersen, Grundwissen zum Bürgerlichen Recht, 13. Aufl. 2024, § 5 Rn. 4 ff. und § 6 Rn. 1

Astrid Stadler, Allgemeiner Teil des BGB, 21. Aufl. 2022, § 3 Rn. 9 ff. (Kontrahierungszwang) und § 19 (Angebot und Annahme).

§ 21 Abschluss von Verträgen unter Einbeziehung Allgemeiner Geschäftsbedingungen (AGB)

Das AGB-Recht war bis zum 31. Dezember 2001 im AGB-Gesetz geregelt. Seitdem findet man es im 2. Buch des BGB (Schuldrecht). Da es allerdings nicht auf Schuldverhältnisse beschränkt ist – siehe etwa § 305 Abs. 1 BGB – ist diese systematische Stellung unglücklich; eigentlich hätte das AGB-Recht in den Allgemeinen Teil des BGB integriert werden müssen. Dem trägt die vorliegende Darstellung Rechnung.

I. Regelungszweck

Vertragsfreiheit führt, wie schon gesagt, nicht dazu, dass alle auch die gleichen tatsächlichen Möglichkeiten im rechtsgeschäftlichen Verkehr haben. Insbesondere Unternehmen mit Marktmacht können anderen Vertragsbedingungen „diktieren". Die Vorschriften über AGB haben u. a. den Zweck, dem entgegenzuwirken und auch in solchen Fällen ein bestimmtes Maß an Vertragsgerechtigkeit zu gewährleisten. Allerdings nimmt das AGB-Recht nicht nur asymmetrische Lagen in den Blick und ist nicht auf den Schutz von Verbrauchern (§ 13 BGB) beschränkt.

II. Anwendungsbereich der §§ 305 ff. BGB

1. Begriff

Gemäß § 305 Abs. 1 Satz 1 BGB sind Allgemeine Geschäftsbedingungen alle für eine Vielzahl von Verträgen vorformulierten Vertragsbedingungen, die eine Vertragspartei (Verwender) der anderen Vertragspartei bei Abschluss eines Vertrags stellt. Wo sich AGB finden (innerhalb einer Vertragsurkunde oder außerhalb usw.), ist gleichgültig, § 305 Abs. 1 Satz 2 BGB.

- „Vorformuliert" sind Vertragsbedingungen auch dann, wenn sie nicht vom Verwender vorformuliert wurden, Ersteller und Verwender also nicht iden-

tisch sind. Erfasst sind daher etwa Mietvertragsformulare eines Vermieter-Interessenverbandes, die ein Vermieter der Einfachheit halber benutzt.
- Auf eine textliche Fixierung kommt es nicht an; es genügen „Gedächtnis-AGB".
- Es muss beabsichtigt sein, dass die Vertragsbedingungen für eine Vielzahl von Verträgen Anwendung finden, d. h.: mindestens drei. Dann aber gelten die §§ 305 ff. BGB schon bei der ersten Verwendung! Bei Verbraucherverträgen sind wichtige Vorschriften des AGB-Rechts jedoch bereits dann anwendbar, wenn nur eine einmalige Verwendung beabsichtigt ist, § 310 Abs. 3 Nr. 2 BGB.
- Die Vertragsbedingungen müssen vom Verwender bei Vertragsabschluss „gestellt" worden sein. Gemäß § 310 Abs. 3 Nr. 1 BGB gelten sie bei Verbraucherverträgen grundsätzlich als vom Unternehmer gestellt. AGB sind nicht gestellt, wenn sie zwischen den Parteien „im Einzelnen ausgehandelt sind", § 305 Abs. 1 Satz 3 BGB: Der Verwender muss dem anderen Teil die reale Möglichkeit gegeben haben, auf den Inhalt Einfluss zu nehmen. Wenn das so war, wird sich das in der Regel in tatsächlichen Änderungen des Vertragstextes niedergeschlagen haben.

2. Sachlicher Anwendungsbereich

Die §§ 305 ff. BGB finden gemäß § 310 Abs. 4 Satz 1 BGB keine Anwendung auf Verträge
- auf dem Gebiet des Erb- und Familienrechts sowie des Gesellschaftsrechts sowie auf
- Tarifverträge, Betriebsvereinbarungen, Dienstvereinbarungen.

Die Gründe für die Herausnahme sind vielfältig. Im Bereich des Erb- und Familienrechts z. B. fehlt es an dem für die AGB-Verwendung typischen Massenaspekt.

III. Einbeziehung von AGB

1. Generelle Einbeziehung

Allgemeine Geschäftsbedingungen werden gemäß § 305 Abs. 2 BGB nur dann Bestandteil eines Vertrags, wenn der Verwender *bei* Vertragsschluss (also z. B. nicht erst mit der Übermittlung einer Rechnung)
- die andere Vertragspartei ausdrücklich (mündlich oder schriftlich) oder, wenn ein ausdrücklicher Hinweis wegen der Art des Vertragsschlusses nur

unter unverhältnismäßigen Schwierigkeiten möglich ist (bei Massengeschäften wie z. B. an der Kinokasse, an der Autowaschanlage oder im Parkhaus), durch einen deutlich sichtbaren Aushang am Ort des Vertragsschlusses auf sie hinweist (Nr. 1) sowie

- der anderen Vertragspartei die Möglichkeit verschafft, in zumutbarer Weise (z. B. *in puncto* Lesbarkeit), die auch eine für den Verwender erkennbare körperliche Behinderung der anderen Vertragspartei angemessen berücksichtigt, von ihrem Inhalt Kenntnis zu nehmen (Nr. 2),
- und wenn die andere Vertragspartei mit ihrer Geltung einverstanden ist. Das Einverständnis liegt (schon dann) vor, wenn der Verwender die Anforderungen der Nrn. 1 und 2 beachtet hat und es zum Abschluss des Vertrags gekommen ist.

Eine *nachträgliche* Einbeziehung kann im Wege der Vertragsänderung erfolgen, für die die Vorgaben des § 305 Abs. 2 BGB – sinngemäß – gelten.

Der Hinweis auf die Geltung von AGB (§ 305 Abs. 2 Nr. 1 BGB) muss auf einer Website so angeordnet sein, dass er auch bei einer bloß flüchtigen Betrachtung nicht übersehen werden kann.

Bei Verbraucherverträgen im elektronischen Geschäftsverkehr ist zudem § 312i Abs. 1 Satz 1 Nr. 4 BGB relevant. Hiernach muss dem Kunden die Möglichkeit gegeben werden, die Vertragsbestimmungen einschließlich der AGB bei Vertragsschluss abzurufen und in wiedergabefähiger Form zu speichern. Aber: Ein Verstoß führt nicht zur Nichteinbeziehung.

Scheitert die Einbeziehung an § 305 Abs. 2 BGB, bleibt der Vertrag im Übrigen gemäß § 306 Abs. 1 BGB grundsätzlich wirksam (Ausnahme: § 306 Abs. 3 BGB). Soweit die Bestimmungen nicht Vertragsbestandteil geworden sind, richtet sich der Inhalt des Vertrags nach den gesetzlichen Vorschriften, § 306 Abs. 2 BGB.

Achtung: § 305 Abs. 2 BGB findet keine Anwendung auf Allgemeine Geschäftsbedingungen, wenn sie etwa gegenüber einem Unternehmer (§ 14 BGB) oder einer juristischen Person des öffentlichen Rechts verwendet werden, § 310 Abs. 1 Satz 1 BGB. Für die Einbeziehung gelten insoweit die allgemeinen Regeln, d. h. §§ 145 ff. BGB.

2. Überraschende Klauseln

Überraschende Klauseln werden nicht Vertragsbestandteil, § 305c Abs. 1 BGB. Überraschend ist eine Klausel, mit der – etwa unter Berücksichtigung des Gesetzesrechts und des Gangs der Vertragsverhandlungen – vernünftigerweise nicht gerechnet werden muss. Überraschend ist es z. B., wenn dem Käufer beim Kauf einer Maschine in den AGB ein Wartungsvertrag hierfür „untergeschoben“ wird. Der Vertrag bleibt im Übrigen wie in den Fällen einer gemäß § 305 Abs. 2 BGB gescheiterten Einbeziehung in der Regel – Ausnahme wiederum: § 306 Abs. 3 BGB – wirksam, § 306 Abs. 1 BGB. An die Stelle der nicht einbezogenen Klauseln treten die gesetzlichen Vorschriften, § 306 Abs. 2 BGB.

3. Vorrang der Individualabrede

Gemäß § 305b BGB haben individuelle Vertragsabreden Vorrang vor (wirksam einbezogenen) AGB. Auch das ist eine Ausprägung des Grundsatzes, dass das Spezielle dem Allgemeinen vorgeht.

IV. Auslegung von AGB

1. Objektive Auslegung

AGB sind grundsätzlich objektiv auszulegen. Es kommt also nicht auf die Sichtweise eines verständigen Erklärungsempfängers im Einzelfall an, sondern auf diejenige des Durchschnittskunden. Es geht nämlich um die Frage, was die AGB „an sich“ im Rahmen des Massengeschäfts besagen.

2. Im Zweifel gegen den Verwender

Gemäß § 305c Abs. 2 BGB gehen Zweifel bei der Auslegung Allgemeiner Geschäftsbedingungen zu Lasten des Verwenders. Voraussetzung ist also, dass eine Auslegung stattgefunden hat und dennoch ernstzunehmende Zweifel verblieben sind.

Diese Auslegungsregel führt u. a. dazu, dass bei einer mehrdeutigen Klausel von den möglichen Auslegungen diejenige zu wählen ist, die zur Unwirksamkeit der Klausel führt. Denn damit ist die vermeintlich kundenfeindlichste Auslegung regelmäßig die dem Kunden günstigste und dem Verwender „lästigste“.

V. Inhaltskontrolle von AGB

1. Kontrollfähigkeit

Bestimmte Klauseln sind von der Inhaltskontrolle ausgenommen. Kontrollfähig sind nur Bestimmungen in Allgemeinen Geschäftsbedingungen, durch die von Rechtsvorschriften abweichende oder diese ergänzende Regelungen vereinbart werden (§ 307 Abs. 3 Satz 1 BGB).

Eine Inhaltskontrolle findet also nicht statt bei:

- Klauseln, die mit dem Gesetz übereinstimmen,
- Klauseln, die Leistungsbeschreibungen, Preisvereinbarungen und reine Zahlungsbedingungen enthalten. Aber: Kontrollfähigkeit besteht, wenn es hinsichtlich der Preise gesetzliche Bestimmungen oder Gebührenordnungen gibt (so z. B. bei Rechtsanwaltsgebühren [vgl. § 14 RVG] und Steuerberatergebühren [vgl. § 11 StBVV]).

2. Klauselverbote

a) Allgemeines

Es gibt spezielle Klauselverbote, nämlich:

- Klauselverbote ohne Wertungsmöglichkeit, § 309 BGB
- Klauselverbote mit Wertungsmöglichkeit, § 308 BGB

§ 307 BGB enthält demgegenüber eine „Generalklausel", also einen recht offen formulierten Maßstab zur Überprüfung der Wirksamkeit von AGB.

Daraus ergibt sich zugleich die Prüfungsreihenfolge: § 309 – § 308 – § 307, also: vom Speziellen zum Allgemeinen.

Auch hier ist aber § 310 Abs. 1 Satz 1 BGB zu beachten: Die §§ 308 Nrn. 1 und 2–9, 309 BGB finden keine Anwendung auf AGB, wenn sie z. B. gegenüber einem Unternehmer oder einer juristischen Person des öffentlichen Rechts verwendet werden. Ein Verstoß gegen die genannten Vorschriften hat aber dennoch (negative) Indizwirkung im Rahmen der Prüfung gemäß § 307 Abs. 1, 2 BGB (siehe § 310 Abs. 1 Satz 2 BGB).

b) Klauselverbote ohne Wertungsmöglichkeit (§ 309 BGB)

„Ohne Wertungsmöglichkeit" bedeutet nicht, dass eine Auslegung nicht möglich ist. In § 309 BGB werden allerdings – anders als in § 308 BGB – unbestimmte Tatbestandsmerkmale wie „Unangemessenheit" nicht verwendet. Die Spielräume bei der AGB-Kontrolle sind hier geringer.

Hervorzuheben sind u. a.:

- Nr. 4: Mahnung und Fristsetzung

  Unwirksam ist eine Bestimmung, durch die der Verwender von der gesetzlichen Obliegenheit freigestellt wird, den anderen Vertragsteil zu mahnen (z. B. §§ 280 I, II, 286 BGB) oder ihm eine Frist für die Leistung oder Nacherfüllung zu setzen (z. B. §§ 280 I, III, 281 BGB). Von diesen Vorschriften wird später eingehend die Rede sein.

- Nr. 5: Pauschalierung von Schadensersatzansprüchen
  Eine Pauschalierung von Schadensersatzansprüchen liegt nach der Rechtsprechung vor, wenn die Klausel der vereinfachten Durchsetzung eines als bestehend vorausgesetzten Anspruchs dienen soll.
  Die Vereinbarung eines pauschalierten Anspruchs des Verwenders auf Schadensersatz oder Ersatz einer Wertminderung ist gemäß § 309 Nr. 5 BGB in AGB unwirksam, wenn a) die Pauschale den in den geregelten Fällen nach dem gewöhnlichen Lauf der Dinge zu erwartenden Schaden oder die gewöhnlich eintretende Wertminderung übersteigt oder b) dem anderen Vertragsteil nicht ausdrücklich der Nachweis gestattet wird, ein Schaden oder eine Wertminderung sei überhaupt nicht entstanden oder wesentlich niedriger als die Pauschale.
- Nr. 6: Vertragsstrafen
  Ein Vertragsstrafenversprechen liegt – in Abgrenzung zur Schadenspauschalierung im Sinne der Nr. 5 – vor, wenn die Klausel in erster Linie ein Druckmittel zur Durchsetzung einer Forderung sein soll.
  Eine AGB-Klausel, durch die dem Verwender für den Fall der Nichtabnahme oder verspäteten Abnahme der Leistung, für den Fall des Zahlungsverzugs oder für den Fall, dass sich der andere Vertragsteil vom Vertrag löst, die Zahlung einer Vertragsstrafe versprochen wird, ist gemäß § 309 Nr. 6 BGB unwirksam.
- Nrn. 7 und 8: Haftungsausschlüsse
  Zunächst ist zu beachten, dass der Ausschluss der Haftung wegen eigenen (!) Vorsatzes im Voraus unabhängig von den §§ 305 ff. BGB unwirksam ist. Das folgt aus § 276 Abs. 3 BGB. Das AGB-Recht geht aber darüber hinaus. Man stelle sich eine Klausel mit folgendem Wortlaut vor: „Für fahrlässig verursachte Schäden wird keine Haftung übernommen." Mit Blick auf § 276 Abs. 3 BGB ist sie unbedenklich. Sie ist aber gemäß § 309 Nr. 7a) BGB unwirksam (lesen!).

c) Klauselverbote mit Wertungsmöglichkeit, § 308 BGB
Gemäß § 308 Nr. 2 BGB ist beispielsweise eine Bestimmung unwirksam, durch die sich der Verwender für die von ihm zu bewirkende Leistung abweichend von Rechtsvorschriften eine unangemessen lange (= Wertungsmöglichkeit) oder nicht hinreichend bestimmte (= Wertungsmöglichkeit) Nachfrist vorbehält (siehe etwa §§ 281 Abs. 1, 323 Abs. 1 BGB).

d) Generalklausel, § 307 BGB
   aa) § 307 Abs. 1 BGB
   Bestimmungen in Allgemeinen Geschäftsbedingungen sind unwirksam, wenn sie den Vertragspartner des Verwenders entgegen den Geboten von Treu und Glauben unangemessen benachteiligen, § 307 Abs. 1 Satz 1 BGB. Es ist also die Ermittlung und Abwägung der Parteiinteressen erforderlich. Im Folgenden (Abs. 1 Satz 2, Abs. 2) finden sich einige Konkretisierungen. § 307 Abs. 1 Satz 2 BGB sagt – beispielhaft –, dass sich eine unangemessene Benachteiligung auch daraus ergeben kann, dass eine Bestimmung nicht klar und verständlich („intransparent") ist.
   bb) § 307 Abs. 2 BGB
   Gemäß § 307 Abs. 2 BGB liegt eine unangemessene Benachteiligung im Zweifel vor, wenn eine Bestimmung mit wesentlichen Grundgedanken der gesetzlichen Regelung, von der abgewichen wird, nicht zu vereinbaren ist (Nr. 1) oder wesentliche Rechte oder Pflichten, die sich aus der Natur des Vertrags ergeben, so einschränkt, dass die Erreichung des Vertragszwecks gefährdet ist (Nr. 2, sog. Kardinalpflichten).
   Beispiel: Ein Fall von § 307 Abs. 2 Nr. 1 BGB liegt vor bei der Vereinbarung einer erfolgsunabhängigen Maklerprovision, denn hier liegt eine Abweichung vom Grundgedanken des § 652 BGB vor. Hiernach ist der Kunde zur Entrichtung des Maklerlohns nämlich nur verpflichtet, wenn der angestrebte Vertrag (Kauf-, Mietvertrag etc.) tatsächlich zustande kommt.
   cc) Verbraucherverträge
   Gemäß § 310 Abs. 3 Nr. 3 BGB sind, soweit es um Verbraucherverträge geht, bei der Beurteilung der unangemessenen Benachteiligung nach § 307 Abs. 1 und 2 BGB auch die den Vertragsschluss begleitenden Umstände zu berücksichtigen (etwa ein gesondert übergebenes Merkblatt, wenn es um die Frage geht, ob eine Klausel ausreichend transparent ist).

VI. Verbot der geltungserhaltenden Reduktion

Eine zu beanstandende Klausel gilt nicht etwa mit dem gerade noch zulässigen Inhalt fort („Verbot der geltungserhaltenden Reduktion"). Eine Ausnahme gilt, wenn ein bloßes Wegstreichen eines unzulässigen Klauselteils möglich ist, das ihren Sinn im Übrigen unangetastet lässt („blue-pencil-test").

Zur Verdeutlichung: Gemäß § 308 Nr. 2 BGB ist eine Klausel, durch die sich der Verwender für die von ihm zu bewirkende Leistung abweichend von Rechtsvorschriften eine unangemessen lange Nachfrist vorbehält, wie gezeigt, unwirksam. An die Stelle der unangemessen langen Frist tritt nicht – das wäre eine verbotene geltungserhaltende Reduktion – eine gerade noch zulässige. Hinter diesem Verbot steht der Gedanke, dass man Verwender von AGB anderenfalls regelrecht dazu ermuntern würde, stark benachteiligende Klauseln zu verwenden, in dem beruhigenden Wissen, dass ein Gericht sie im schlimmsten Fall auf das noch zulässige Maß begrenzen wird.

VII. Rechtsfolgen bei Unwirksamkeit einer Klausel

Ist eine AGB-Klausel unwirksam, so bleibt der Vertrag im Übrigen wirksam, § 306 Abs. 1 BGB. Gemäß § 306 Abs. 2 BGB treten an die Stelle der unwirksamen Klausel die gesetzlichen Regelungen. Nur ausnahmsweise ist der gesamte Vertrag unwirksam, siehe § 306 Abs. 3 BGB.

VIII. Unterlassungsklage von Verbänden gegen AGB-Klauseln

Nicht selten wird ein einzelner Betroffener kein Bedürfnis verspüren, sich über die Frage, ob eine AGB-Klausel unwirksam ist, (gerichtlich) zu streiten. Das Gesetz über Unterlassungsklagen bei Verbraucherrechts- und anderen Verstößen (UKlaG) sieht die Möglichkeit einer Verbandsklage vor. Daher können z. B. Verbraucherschutzverbände die Unwirksamkeit von AGB-Klauseln gerichtlich feststellen lassen.

Weiterführende Literatur:

Hans Brox/Wolf-Dietrich Walker, Allgemeiner Teil des BGB, 48. Aufl. 2024, § 10

Dieter Medicus/Jens Petersen, Grundwissen zum Bürgerlichen Recht, 13. Aufl. 2024, § 5 Rn. 19–21

Astrid Stadler, Allgemeiner Teil des BGB, 21. Aufl. 2022, § 21.

§ 22 Stellvertretung

Im rechtsgeschäftlichen Verkehr handeln Personen oft selbst. Allerdings gibt es in einer modernen Wirtschaft das auch vom Gesetz anerkannte Bedürfnis, Dritte einzusetzen, z. B. als Vertreter.

I. Grundsätzliches/Abgrenzung

Das Prinzip der Stellvertretung ist in § 164 Abs. 1 Satz 1 BGB beschrieben: Eine Willenserklärung, die jemand innerhalb der ihm zustehenden Vertretungsmacht im Namen des Vertretenen abgibt (Voraussetzungen der Stellvertretung), wirkt unmittelbar für und gegen den Vertretenen (Wirkung der Stellvertretung).

II. Voraussetzungen der Stellvertretung

1. Zulässigkeit

Stellvertretung ist nur ausnahmsweise unzulässig, z. B. beim Testament (§ 2064 BGB) oder der Eheschließung (§ 1311 BGB). Es handelt sich um „höchstpersönliche" Rechtsgeschäfte.

2. Eigene Willenserklärung des Vertreters, § 164 Abs. 1 Satz 1 BGB

Der Vertreter gibt eine eigene Willenserklärung ab, leitet also nicht bloß die Willenserklärung eines anderen weiter. Wer eine bereits „fertige" Willenserklärung übermittelt, ist Bote („Brieftaube"), nicht Vertreter. Entscheidend für die Abgrenzung ist – wie oft – das äußere Erscheinungsbild. Bote ist also derjenige, von dem der andere den Eindruck haben darf, dass er nur eine bereits abgegebene Willenserklärung übermittelt; sonst liegt Stellvertretung vor.

Achtung: Es gibt auch den sog. Empfangsvertreter, § 164 Abs. 3 BGB. Beim Zugang einer Willenserklärung ist auf ihn abzustellen (Zugangszeitpunkt: zumutbare Möglichkeit der Kenntnisnahme durch den Vertreter), nicht den Geschäftsherrn. Anders ist es beim Empfangsboten, den man sich als „menschlichen Briefkasten" vorstellen kann.

3. (Beschränkte) Geschäftsfähigkeit des Stellvertreters

Der Vertreter muss zumindest beschränkt geschäftsfähig sein, § 165 BGB. Hintergrund ist, dass er eine eigene Willenserklärung abgibt. Anders ist es beim Boten, der nur „Werkzeug" ist.

4. Offenkundigkeit des Handelns in fremdem Namen

Gemäß § 164 Abs. 1 BGB muss der Vertreter im Namen des Vertretenen handeln. Es gilt der Grundsatz der Offenkundigkeit: Es muss deutlich werden, dass der Vertreter für einen anderen handelt, sonst liegt ein Eigengeschäft des Vertreters vor, § 164 Abs. 2 BGB.

Vom Grundsatz der Offenkundigkeit gibt es (wenige) Ausnahmen. Hierzu gehören sog. Bargeschäfte des täglichen Lebens („verdecktes Geschäft, für den, den es angeht"). Der Grund: Es kommt zu einer sofortigen Abwicklung des Geschäfts, sodass es für den Geschäftspartner in der Regel ohne Interesse ist, ob der andere für sich oder einen Dritten handelt. Das Geschäft kommt mit demjenigen zustande, „den es angeht".

Beispiel: X bevollmächtigt den V, für ihn im Elektronikmarkt E einen Fernseher für 500 € zu kaufen. V tut das. Der Kauf wird bar abgewickelt. Dass er für X handelt, legt V nicht offen. Gleichwohl kommt der Vertrag zwischen X (nicht V) und E zustande.

5. Vertretungsmacht

Der Vertreter muss innerhalb der ihm zustehenden Vertretungsmacht handeln (§ 164 Abs. 1 Satz 1 BGB). Die Vertretungsmacht kann auf einem Rechtsgeschäft beruhen. Sie kann sich aber auch aus dem Gesetz ergeben.

a) Rechtsgeschäftliche Vertretungsmacht
Eine durch Rechtsgeschäft erteilte Vertretungsmacht heißt Vollmacht (§ 166 Abs. 2 Satz 1 BGB).

aa) Erteilung der Vollmacht
Eine Vollmacht kann auf verschiedene Weise erteilt werden:

- Erteilung gegenüber dem Vertreter (Innenvollmacht), § 167 Abs. 1 Alt. 1 BGB
- Erteilung gegenüber dem Geschäftspartner (Außenvollmacht), § 167 Abs. 1 Alt. 2 BGB
- Erklärung an die Öffentlichkeit
  Achtung: Die Erklärung an die Öffentlichkeit ist zu unterscheiden von einer bloßen Mitteilung, dass eine Vollmacht erteilt worden ist, § 171 Abs. 1 BGB (das ist kein Rechtsgeschäft).

bb) Grundsätzlich formfrei
Die Vollmachtserteilung bedarf in der Regel nicht der Form, die für das Rechtsgeschäft, auf das sie sich bezieht, ggf. gilt. Es gibt aber Ausnahmen. Beispiele:

- Ausnahmen können sich aus dem Gesetz ergeben, siehe etwa § 492 Abs. 4 Satz 1 BGB (Verbraucherdarlehensvertrag).
- Die Form, die für das abzuschließende Rechtsgeschäft gilt, ist zu beachten, wenn sich der Vollmachtgeber bereits durch die Vollmachtserteilung rechtlich und tatsächlich in gleicher Weise bindet wie durch den Abschluss des formbedürftigen Rechtsgeschäfts, etwa wenn die Vollmacht unwiderruflich erteilt ist. Anderenfalls würde der Formzweck vereitelt werden.

cc) Trennung und Abstraktion
Die Vollmacht ist im Grundsatz unabhängig von der Wirksamkeit eines etwaigen Grundgeschäfts zwischen Vollmachtgeber und Bevollmächtigtem.

Beispiel: X beauftragt den 16-jährigen M zum Verkauf eines Mopeds. Der Auftrag (§ 662 BGB) ist ohne die Einwilligung/Genehmigung der gesetzlichen Vertreter des M (schwebend) unwirksam (§§ 107, 108 BGB). Die Vollmachtserteilung ist aber wirksam (§§ 165, 131 Abs. 2 Satz 2, 107 BGB).

dd) Umfang der Vollmacht

Den Umfang der Vollmacht legt im Grundsatz der Vollmachtgeber fest. Teilweise finden sich aber auch Vorgaben im Gesetz. Der – erhebliche – Umfang der (handelsrechtlichen) Prokura ergibt sich aus § 49 HGB. Der Prokurist ist zu Geschäften und Rechtshandlungen ermächtigt, die der Betrieb eines Handelsgewerbes mit sich bringt. Die Veräußerung und Belastung von Grundstücken bedarf einer besonderen Ermächtigung, § 49 Abs. 2 HGB. Eine Beschränkung des Umfangs der Prokura ist Dritten gegenüber unwirksam, § 50 Abs. 1 und 2 HGB.

ee) Erlöschen der Vollmacht

Eine Vollmacht erlischt etwa durch

- Erlöschen des Grundgeschäfts (insoweit liegt eine Durchbrechung des Abstraktionsprinzips vor), § 168 Satz 1 BGB
- Widerruf der Vollmacht, vgl. § 168 Satz 2 BGB
- Der Widerruf kann sowohl gegenüber dem Vertreter als auch gegenüber dem Geschäftspartner erfolgen, und zwar unabhängig davon, ob eine Innenvollmacht oder eine Außenvollmacht vorliegt, § 168 Satz 3 BGB in Verbindung mit § 167 Abs. 1 BGB.
- Zudem können hier relevant sein: Eintritt einer Bedingung (§ 158 BGB), Befristung (§ 163 BGB), „Verbrauch“ der Vollmacht.

ff) Rechtsscheinsvollmachten

Ist eine Vollmacht nicht (mehr) erteilt, kann es sein, dass gleichwohl der Rechtsschein einer Vollmacht vorliegt. Sog. Rechtsscheinvollmachten dienen dem Schutz des Rechtsverkehrs.

(1) §§ 170–173 BGB

Von besonderer Bedeutung sind die §§ 170–173 BGB.

(aa) Rechtsscheinstatbestand

Stets bedarf es des Vorliegens eines Rechtsscheinstatbestands.

In der Fallgestaltung, die § 170 BGB zugrunde liegt, war eine Außenvollmacht erteilt worden, die später aber nur gegenüber dem Vertreter (also „nach innen“) widerrufen wurde. Das führt zum Erlöschen der Vollmacht, weil eine Außenvollmacht, wie bereits gesagt, wirksam auch gegenüber dem Vertreter widerrufen werden kann. Was nach dem Widerruf der Außenvollmacht verbleibt, ist der (Rechts-)Schein einer Vollmacht.

Achtung: Der Wortlaut des § 170 BGB setzt eine wirksam erteilte Vollmacht voraus, allerdings wird die Vorschrift analog auf von Anfang an unwirksame Vollmachten angewandt.

Ähnliche Rechtsscheinstatbestände finden sich in §§ 171 Abs. 2 und 172 Abs. 2 BGB.

(bb) Schutzwürdigkeit des Geschäftspartners

Das bloße Bestehen des Rechtsscheins genügt nicht, um daraus rechtliche Wirkungen abzuleiten. Der Geschäftspartner muss auch schutzwürdig sein. § 173 BGB bestimmt, dass sich der Geschäftspartner auf den Rechtsschein nicht berufen kann, wenn er das Erlöschen der Vertretungsmacht bei Vornahme des Rechtsgeschäfts kannte oder kennen musste. Was Kennenmüssen bedeutet, ergibt sich aus der Legaldefinition des § 122 Abs. 2 BGB: Es bedeutet fahrlässige Unkenntnis.

(2) Duldungs- und Anscheinsvollmacht

Nicht gesetzlich geregelt sind die Duldungs- und die Anscheinsvollmacht. Dabei handelt es sich – in den Worten des BGH – jeweils um „Anwendungsfälle des allgemeinen Rechtsgrundsatzes, dass derjenige, der einem gutgläubigen Dritten gegenüber zurechenbar den Rechtsschein einer Bevollmächtigung eines anderen setzt, sich so behandeln lassen muss, als habe er dem anderen wirksam Vollmacht erteilt.“[56]

(aa) Duldungsvollmacht

Eine Duldungsvollmacht liegt vor, wenn der Geschäftsherr es willentlich geschehen lässt, dass ein anderer für ihn wie ein Vertreter auftritt, und der Geschäftspartner dieses Dulden dahin versteht und verstehen darf, dass derjenige, der als Vertreter auftritt, zur Abgabe der in Rede stehenden Erklärung bevollmächtigt ist.[57] In der Regel ist ein wiederholtes Auftreten im Namen des Vertretenen erforderlich, wobei je nach Lage des Falles auch ein einmaliges Handeln ausreichen kann, um einen hinreichenden Vertrauenstatbestand zu begründen.

Beispiel: M ist Mitarbeiter im Unternehmen des U. Seine Aufgabe besteht u. a. darin, Büroarbeiten zu erledigen. Wenn Büromaterial fehlte, hatte er es in letzter Zeit, obwohl er dazu nicht bevollmächtigt war, kurzerhand selbst – im Namen des U – im Onlineshop des V nachbestellt.

---

56 BGH v. 20.7.2012, V ZR 217/11 = NJW 2012, 3424 Rn. 13.
57 BGH v. 11.5.2011, VIII ZR 289/09 = NJW 2011, 2421 Rn. 15.

U weiß das, schreitet aber aus Bequemlichkeit nicht ein. Als M wieder einmal eigenmächtig mehrere Packungen Druckerpapier bei V kauft, hat U genug. Er verweigert die Zahlung des Kaufpreises. Prüft man nun einen Anspruch des V gegen U auf Kaufpreiszahlung (§ 433 Abs. 2 BGB), erweist sich allein die Frage als problematisch, ob U die von M in seinem Namen abgegebene Willenserklärung gegen sich gelten lassen muss. Da U den M nicht bevollmächtigt hat, kommt nur eine Duldungsvollmacht in Betracht.

(bb) Anscheinsvollmacht

Eine Anscheinsvollmacht ist gegeben, wenn der Vertretene das Handeln des Scheinvertreters nicht kennt (anders bei der Duldungsvollmacht), er es aber bei pflichtgemäßer Sorgfalt hätte erkennen und verhindern können. Weiter ist erforderlich, dass der Geschäftspartner angenommen hat und annehmen durfte, der Geschäftsherr kenne und billige das Handeln des Vertreters.[58] Wie bei der Duldungsvollmacht ist hier – im Grundsatz – ein wiederholtes Auftreten des Scheinvertreters erforderlich.

b) Gesetzliche Vertretungsmacht

Vertretungsmacht kann sich nicht nur aus einem Rechtsgeschäft, sondern auch aus dem Gesetz ergeben. Beispiele:

- Eltern (§§ 1626, 1629 BGB)
- Geschäftsführer einer GmbH (§ 35 GmbHG)
- Vorstand einer AG (§ 78 AktG)

c) Verbot des Insichgeschäfts, § 181 BGB

Gemäß § 181 BGB kann ein Vertreter grundsätzlich kein Rechtsgeschäft im Namen des Vertretenen mit sich im eigenen Namen (Selbstkontrahieren) oder als Vertreter eines Dritten (Mehrfachvertretung) vornehmen. Hier besteht nämlich regelmäßig ein Interessenkonflikt. Beim Selbstkontrahieren etwa besteht die Gefahr, dass die Interessen des Vertretenen nicht gebührend berücksichtigt werden. Ausnahmen sieht § 181 BGB vor, wenn dem Vertreter das an sich unzulässige Vorgehen gestattet ist (bei Organen juristischer Personen etwa durch die Satzung) oder das in Rede stehende Rechtsgeschäft in der Erfüllung einer Verbindlichkeit (z. B. des Vertretenen gegenüber dem Vertreter) besteht. In der zuletzt genannten Fallgestaltung ist der Vertretene bereits mit der Verbindlichkeit belastet, sodass durch die Erfüllung nur das geschieht, was sowieso schon vereinbart ist.

58 BGH v. 11.5.2011, VIII ZR 289/09 = NJW 2011, 2421 Rn. 16.

III. Wirkung der Stellvertretung

Die Folgen der Stellvertretung treffen unmittelbar den Vertretenen, § 164 Abs. 1 Satz 1 BGB.

Geht es um Willensmängel oder die Kenntnis bzw. das Kennenmüssen von Umständen (z. B. bei § 932 Abs. 2 BGB), ist auf den Vertreter abzustellen, § 166 Abs. 1 BGB. Hat sich z. B. der Vertreter bei der Abgabe einer Willenserklärung versprochen, kann der Vertretene wegen eines Erklärungsirrtums des Vertreters gemäß § 119 Abs. 1 Alt. 2 BGB anfechten.

Man beachte aber § 166 Abs. 2 BGB: Hat der Vertreter nach Weisungen des Vollmachtgebers gehandelt, kann er sich auf die Unkenntnis bzw. das fehlende Kennenmüssen des Vertreters nicht berufen, z. B. wenn der Vollmachtgeber beim Eigentumserwerb das fehlende Eigentum des Veräußerers kennt, der Vertreter jedoch nicht. Der bösgläubige Vollmachtgeber soll nicht einfach einen ahnungslosen Vertreter vorschicken dürfen.

IV. Vertretung ohne Vertretungsmacht

Hat der Vertreter ohne Vertretungsmacht gehandelt, ist eine Genehmigung durch den Vertretenen möglich, §§ 177 f. BGB. Bleibt die Genehmigung aus, haftet der Vertreter, der keine Vertretungsmacht hat, gemäß § 179 BGB: Wusste der Vertreter, dass er keine Vertretungsmacht hat, hat der Geschäftspartner gegen den Vertreter einen Anspruch auf Erfüllung (!) oder Schadensersatz, § 179 Abs. 1 BGB. Bei fehlender Kenntnis hat er (lediglich) Anspruch auf Erstattung des Vertrauensschadens, § 179 Abs. 2 BGB. Die Haftung ist insbesondere ausgeschlossen, wenn der Geschäftspartner das Fehlen der Vertretungsmacht kannte oder kennen musste, § 179 Abs. 3 Satz 1 BGB.

Weiterführende Literatur:

Hans Brox/Wolf-Dietrich Walker, Allgemeiner Teil des BGB, 48. Aufl. 2024, §§ 23–27
Stephan Lorenz, Grundwissen – Zivilrecht: Stellvertretung, JuS 2010, 382 ff.
ders., Grundwissen – Zivilrecht: Vertretung ohne Vertretungsmacht, JuS 2025, 9 ff.
ders., Grundwissen – Zivilrecht: Die Vollmacht, JuS 2010, 771 ff.
Dieter Medicus/Jens Petersen, Grundwissen zum Bürgerlichen Recht, 13. Aufl. 2024, § 5 Rn. 10 ff.
Astrid Stadler, Allgemeiner Teil des BGB, 21. Aufl. 2022, §§ 29–32.

§ 23 Verjährung

Die Verjährungsregeln dienen dem Rechtsfrieden und der Rechtssicherheit. Irgendwann muss „Schluss sein".

Die allgemeinen Regeln – nur um diese geht es hier – finden sich in §§ 194 ff. BGB. Zudem gibt es (vorrangige) Sondervorschriften, z. B. bezüglich der Verjährung von Mängelansprüchen im Kaufrecht, § 438 BGB.

Der Verjährung unterliegen (nur) Ansprüche, § 194 Abs. 1 BGB. Die regelmäßige Verjährungsfrist beträgt gemäß § 195 BGB drei Jahre. Diese Frist beginnt gemäß § 199 Abs. 1 BGB grundsätzlich mit dem Schluss des Jahres, in dem der Anspruch entstanden ist und der Gläubiger von den den Anspruch begründenden Umständen und der Person des Schuldners Kenntnis erlangt hat oder ohne grobe Fahrlässigkeit hätte erlangen müssen.

Beispiel: Am 02.05.2025 wird das Fahrzeug des X durch eine Unaufmerksamkeit des Y im Straßenverkehr beschädigt. Die dreijährige Verjährungsfrist beginnt mit dem Schluss des Jahres 2025 und endet mit Ablauf des Jahres 2028 (Einzelheiten zu Fristberechnungen finden sich in §§ 187 ff. BGB).

Zu beachten ist, dass es Verjährungs*höchst*fristen gibt, die unabhängig von der Kenntnis oder der grob fahrlässigen Unkenntnis beginnen, §§ 199 Abs. 2–4 BGB.

Die Verjährung kann gehemmt sein, §§ 203 ff. BGB. Das ist etwa der Fall, wenn zwischen dem Schuldner und dem Gläubiger Verhandlungen über den Anspruch stattfinden, § 203 BGB. Folge ist, dass der Zeitraum der Hemmung nicht in die Verjährungsfrist eingerechnet wird, § 209 BGB. („Die Uhr wird angehalten.")

Unter bestimmten Umständen kann die Verjährung auch erneut beginnen, § 212 BGB. Das ist etwa der Fall, wenn der Schuldner den Anspruch anerkannt hat, § 212 Abs. 1 Nr. 1 BGB. („Die Uhr beginnt erneut zu laufen.")

Ist ein Anspruch verjährt, besteht (nur) ein Leistungsverweigerungsrecht des Schuldners, § 214 Abs. 1 BGB (dauerhafte Einrede). Da es sich um eine Einrede handelt, muss sich der Schuldner auf Verjährung berufen. Anderenfalls wird er im Prozess verurteilt.[59] Hat jemand – auch nur aus Unkenntnis – auf eine verjährte Forderung geleistet, ist die Rückforderung ausgeschlossen, § 214 Abs. 2 Satz 1 BGB.

Weiterführende Literatur:

Hans Brox/Wolf-Dietrich Walker, Allgemeiner Teil des BGB, 48. Aufl. 2024, § 31 Rn. 11 ff.

Dieter Medicus/Jens Petersen, Grundwissen zum Bürgerlichen Recht, 13. Aufl. 2024, § 10 Rn. 2 f.

Astrid Stadler, Allgemeiner Teil des BGB, 21. Aufl. 2022, § 9.

59 Oben § 9 I.

Vierter Teil

Schuldrecht (Allgemeiner und Besonderer Teil), insbesondere: Pflichtverletzung und Schadensersatz, Vertragstypen, Grundlagen der gesetzlichen Schuldverhältnisse

§ 24 Gesetzliche Systematik

Das Recht der Schuldverhältnisse ist in Buch 2 des BGB geregelt. Das Schuldrecht hat die rechtlichen Beziehungen zwischen Personen zum Gegenstand. Das Klammerprinzip, das das BGB prägt, findet sich auch hier. Das Allgemeine ist vor dem Besonderen geregelt. Der Allgemeine Teil des Schuldrechts findet sich in §§ 241–432 BGB, der Besondere Teil in §§ 433–853 BGB. Vorschriften über Schuldverhältnisse gibt es freilich nicht nur in Buch 2, sondern auch darüber hinaus.

§ 25 Schuldverhältnis

I. Begriff des Schuldverhältnisses

Begrifflich sind das Schuldverhältnis im engeren und das Schuldverhältnis im weiteren Sinne zu unterscheiden.

1. Schuldverhältnis im engeren Sinne

Schuldverhältnis im engeren Sinne ist die rechtliche Forderungsbeziehung, die den Gläubiger mit dem Schuldner verbindet. Um dieses Schuldverhältnis im engeren Sinne geht es in § 241 Abs. 1 BGB: „Kraft des Schuldverhältnisses ist der Gläubiger berechtigt, von dem Schuldner eine Leistung zu fordern.“ Um es plastisch zu machen: Ein Schuldverhältnis im engeren Sinne ist z. B. die Forderung des Verkäufers gegen den Käufer auf Zahlung des Kaufpreises, § 433 Abs. 2 BGB.

Forderungen können abgetreten werden, §§ 398 ff. BGB. Die Abtretung (auch Zession genannt, ein Verfügungsgeschäft) führt dazu, dass derjenige, dem die Forderung abgetreten wird, an die Stelle des bisherigen Gläubigers tritt, § 398 Satz 2 BGB.

Aus der Forderungsabtretung kann man auch ein Geschäft machen, das sog. Factoring: Der Forderungsgläubiger – meistens ein Unternehmen – überträgt seine Forderungen auf einen Factor. Hierfür erhält der Forderungsgläubiger vom Factor den Gegenwert der Forderung unter Abzug einer Gebühr. Die Einziehung der Forderungen erfolgt durch den Factor. Der Factoring-Kunde lagert so den mit der Forderungseinziehung verbundenen Aufwand aus.

2. Schuldverhältnis im weiteren Sinne

Das Schuldverhältnis im weiteren Sinne meint das gesamte Rechtsverhältnis. In dieser Bedeutung wird der Begriff „Schuldverhältnis" in der Überschrift vor §§ 433 ff. BGB gebraucht („Einzelne Schuldverhältnisse").

Im Rahmen des Schuldverhältnisses im weiteren Sinne bestehen insbesondere:

a) Hauptleistungspflichten, also die für das jeweilige Schuldverhältnis charakteristischen Pflichten, beim Kaufvertrag z. B.
   - des Verkäufers auf Übergabe der Sache und Verschaffung des Eigentums, und zwar mangelfrei, § 433 Abs. 1 BGB,
   - des Käufers auf Zahlung des Kaufpreises, § 433 Abs. 2 BGB.

b) Nebenleistungspflichten
   Nebenleistungspflichten dienen der Vorbereitung, Durchführung und Sicherung der Hauptleistung. Dazu gehört etwa die Pflicht, eine Ware vor dem Versand ordnungsgemäß zu verpacken.

c) Nebenpflichten
   Zu den Nebenpflichten (§ 241 Abs. 2 BGB), die man nicht mit den Neben*leistungs*pflichten verwechseln darf, gehören etwa Schutzpflichten. Nach § 241 Abs. 2 BGB kann das Schuldverhältnis jeden Teil zur Rücksicht auf Rechte, Rechtsgüter und Interessen des anderen Teils verpflichten. Hat der Maler also beispielsweise bei den Malerarbeiten versehentlich einen Einrichtungsgegenstand des Kunden beschädigt, liegt eine Schutzpflichtverletzung im Sinne des § 241 Abs. 2 BGB vor. Die Eigentumsverletzung stellt eine Rechtsgutsverletzung dar. Bei den Nebenpflichten geht es, anders als bei den Leistungspflichten, „nur" um den Schutz des *status quo* (des sog. Integritätsinteresses).

II. Entstehungsgründe

Ein Schuldverhältnis kann aus verschiedenen Gründen entstehen:

1. Rechtsgeschäft

Entstehungsgrund kann zum einen ein Rechtsgeschäft sein (vgl. § 311 Abs. 1 BGB), insbesondere ein Vertrag.

2. Vorvertragliche Schuldverhältnisse

Ein Schuldverhältnis kann nach Maßgabe des § 311 Abs. 2 BGB schon vor Abschluss eines Rechtsgeschäfts entstehen, nämlich durch die Aufnahme von Vertragsverhandlungen (Nr. 1), die Anbahnung eines Vertrags (Nr. 2) oder ähnliche geschäftliche Kontakte (Nr. 3).

Beispiel: Ein Supermarktbetreiber muss durch geeignete Maßnahmen sicherstellen, dass sich die Kunden im Markt nicht verletzen (Schutz des Rechtsguts „Gesundheit" im Sinne des § 241 Abs. 2 BGB). Er hat eine Verkehrssicherungspflicht. Verletzt er diese vorvertragliche Pflicht, können ggf. Schadensersatzansprüche u. a. gemäß §§ 280 Abs. 1, 311 Abs. 2 Nr. 2, 241 Abs. 2 BGB entstehen.

3. Gesetz

Ein Schuldverhältnis kann auch aufgrund Gesetzes entstehen. So ist derjenige, der das Eigentum eines anderen rechtswidrig und schuldhaft verletzt, diesem gegenüber gemäß § 823 Abs. 1 BGB zum Schadensersatz verpflichtet.

III. Einbeziehung Dritter

1. Keine Verträge zu Lasten Dritter

Dritte, also Personen, die an einem Vertrag nicht beteiligt sind, können hierdurch nicht verpflichtet werden. Das ergibt sich zwanglos aus dem Grundsatz der Privatautonomie.

2. Vertrag zugunsten Dritter, §§ 328 ff. BGB

Allerdings können Dritte in einen Vertrag derart einbezogen werden, dass ihnen daraus ein Vorteil erwächst. Ein Beispiel ist der Vertrag zugunsten Dritter gemäß § 328 BGB. Hier kann der Dritte die Erfüllung der vertraglichen Hauptpflicht verlangen.

Beispiel: Ein Versicherungsnehmer (Versprechensempfänger) kann mit einer Versicherung (Versprechende) einen Lebensversicherungsvertrag zugunsten eines Dritten (Leistungsempfänger) abschließen, indem er diesem ein Bezugsrecht auf die Versicherungsleistung einräumt.

3. Vertrag mit Schutzwirkung zugunsten Dritter

Möglich ist aber auch, dass ein Dritter in einen Vertrag so einbezogen ist, dass ihm gegenüber nur Schutzpflichten bestehen. Das ist beim Vertrag mit Schutzwirkung zugunsten Dritter der Fall.

Beispiel: Die in der Mietwohnung wohnenden Kinder des Mieters sind in die vertraglichen Schutzpflichten des Vermieters gemäß § 241 Abs. 2 BGB einbezogen. Eine solche Einbeziehung ist u. a. in sog. „Wohl-und-Wehe-Fällen" allgemein anerkannt. Voraussetzungen sind (neben einem Schuldverhältnis zwischen Gläubiger und Schuldner, hier also zwischen Mieter und Vermieter):

- Leistungsnähe
  Erforderlich ist, dass der Dritte mit der Leistung aus dem Vertrag bestimmungsgemäß in Berührung kommt. Anders gewendet: Er muss den Gefahren aus dem Vertrag genauso ausgesetzt sein wie der Gläubiger. Im Beispielsfall ist das so. Die „Dritten" (die in der Mietwohnung wohnenden Kinder des Mieters) sind den gleichen Gefahren ausgesetzt wie der Mieter selbst.
- Gläubigernähe
  Erforderlich ist weiter ein Schutzinteresse des Gläubigers. Das ist z. B. dann gegeben, wenn dieser, etwas antiquiert gesprochen, für das „Wohl und Wehe" des Dritten mitverantwortlich ist. Das ist etwa bei Eltern im Hinblick auf ihre Kinder der Fall (§§ 1626, 1629 BGB).
- Erkennbarkeit für den Schuldner
  Die Leistungsnähe und die Gläubigernähe müssen für den Schuldner erkennbar sein. Denn für ihn erhöht sich das Haftungsrisiko.
- Schutzbedürftigkeit des Dritten
  Der Dritte muss schutzbedürftig sein. Das ist nicht der Fall, wenn er wegen des gleichen Sachverhalts einen gleichwertigen vertraglichen Anspruch gegenüber einem anderen geltend machen kann.

IV. Beendigung von Schuldverhältnissen/Erlöschensgründe

Hier sind insbesondere zu nennen:

1. Erfüllung, § 362 BGB

Das Schuldverhältnis erlischt, wenn die geschuldete Leistung an den Gläubiger bewirkt wird. Erforderlich ist, dass exakt die geschuldete Leistung erbracht wird. Mit dem Willen des Gläubigers hat auch die Leistung *an* einen Dritten Erfüllungswirkung, § 362 Abs. 2 BGB in Verbindung mit § 185 BGB. Unter den Voraussetzungen des § 267 BGB führt auch die Leistung *durch* einen Dritten zur Erfüllung.

Die Erfüllung führt zum Erlöschen der Forderung, also des Schuldverhältnisses im engeren Sinne. Das Schuldverhältnis im weiteren Sinne endet erst, wenn alle gegenseitigen Pflichten erloschen sind.

2. Annahme an Erfüllung statt, §§ 364 f. BGB

Der Gläubiger kann sich auch mit einer anderen als der geschuldeten Leistung zufriedengeben. Das ist gemeint, wenn von einer „Annahme an Erfüllung statt" die Rede ist. Hiervon zu unterscheiden ist die Annahme erfüllungshalber: Der Gläubiger erhält hier eine zusätzliche Befriedigungsmöglichkeit, wobei die Forderung bis zur Befriedigung nicht erlischt.

Beispiel: Statt des geschuldeten Geldbetrages erhält der Gläubiger eine Sache, um sie zu veräußern. Der Veräußerungserlös soll der Befriedigung seiner Forderung dienen.

3. Aufrechnung, §§ 387 ff. BGB

Bei der Aufrechnung geht es um die Vermeidung eines sinnlosen Hin und Her. Erforderlich ist eine Aufrechnungserklärung, § 388 BGB. Es müssen gegenseitige Forderungen vorliegen, die gleichartig sind (in aller Regel: Geld gegen Geld), zudem muss die Forderung, mit der aufgerechnet wird, fällig sein, d. h. der Aufrechnende muss die Leistung bereits verlangen dürfen (vgl. § 271 BGB).

Auch hier geht es – wie bei der Erfüllung sowie der Annahme an Erfüllung statt und erfüllungshalber – um das Erlöschen des Schuldverhältnisses im engeren Sinne.

4. Erlass, § 397 Abs. 1 BGB

Selbstverständlich steht es dem Gläubiger frei, dem Schuldner die Schuld zu erlassen. Das Gesetz gestaltet dies als Vertrag aus.

5. Tatsächliche und rechtliche Unmöglichkeit („echte" Unmöglichkeit), § 275 Abs. 1 BGB

a) § 275 Abs. 1 BGB

Gemäß § 275 Abs. 1 BGB ist der Anspruch auf Leistung ausgeschlossen, wenn diese für den Schuldner oder für jedermann unmöglich ist („echte" Unmöglichkeit). Die Unmöglichkeit kann auf tatsächlichen Gründen beruhen (z. B.: das vertraglich geschuldete Gemälde wird bei einem Brand zerstört). Sie kann aber auch rechtliche Gründe haben (es fehlt eine für die Leistungserbringung erforderliche behördliche Genehmigung usw.).

Die geschuldete Leistung kann konkret bestimmt sein. Das ist z. B. der Fall, wenn sich ein Kaufvertrag auf ein bestimmtes Gemälde bezieht. Man spricht dann von einer **Stückschuld**. In einem solchen Fall ist es leicht einzusehen, dass die Zerstörung der geschuldeten Sache den Anspruch des Gläubigers ausschließt, § 275 Abs. 1 BGB.

Denkbar ist es aber auch, dass der geschuldete Gegenstand nur der Gattung nach bestimmt ist, z. B. „100 kg Getreide“. Hier liegt eine **Gattungsschuld** vor. Unmöglichkeit tritt in einem solchen Fall natürlich dann ein, wenn eine Leistung aus der gesamten Gattung nicht mehr möglich ist (im Beispiel: Es gibt nirgends mehr Getreide). So ist es in der Regel aber nicht. Im Fall des Verlustes der Gattungssache(n) ist der Gläubiger daher grundsätzlich verpflichtet, Ersatz zu beschaffen. Diese Pflicht besteht jedoch nur bis zur sog. **Konkretisierung**. Nach der Konkretisierung beschränkt sich das Schuldverhältnis auf einen bestimmten Leistungsgegenstand. Geht er unter, tritt Unmöglichkeit ein. Der Moment der Konkretisierung ergibt sich aus § 243 Abs. 2 BGB. Voraussetzung ist hiernach, dass der Schuldner das zur Leistung Erforderliche getan hat. Wann das der Fall ist, hängt von der Art der Schuld ab, namentlich davon, ob der Schuldner die Sache dem Gläubiger bringen muss **(Bringschuld)**, ob er sie ihm schicken muss **(Schickschuld)** oder ob der Gläubiger verpflichtet ist, sich die Sache beim Schuldner abzuholen **(Holschuld)**. Insoweit gilt grundsätzlich Folgendes: Bei der Bringschuld muss der Schuldner dem Gläubiger den Leistungsgegenstand an dessen Wohnsitz tatsächlich anbieten (bei gewerblichen Verpflichtungen am Ort der gewerblichen Niederlassung, § 269 Abs. 2 BGB, bei juristischen Personen grundsätzlich an deren Sitz). Liegt eine Holschuld vor, muss der Schuldner den Leistungsgegenstand bei sich aussondern und den Gläubiger darüber informieren, dass er dies getan hat. Handelt es sich um eine Schickschuld, bedarf es der Übergabe an eine Transportperson. Welche Art der Schuld vorliegt, hängt u. a. vom Leistungsort ab. Das ist der Ort der abschließenden Leistungshandlung. Der Leistungsort kann von den Parteien (ausdrücklich oder konkludent) bestimmt sein oder sich aus den Umständen ergeben.

Aus § 269 Abs. 3 BGB folgt, dass man allein aus dem Umstand, dass der Schuldner die Versendungskosten übernommen hat, nicht auf das Vorliegen einer Schickschuld schließen darf.

Fehlt es an einer Vereinbarung der Parteien und lassen auch die Umstände keinen Rückschluss auf den Leistungsort zu, hat die Leistung an dem Ort zu erfolgen, an dem der Schuldner zur Zeit der Entstehung des Schuldverhältnisses seinen Wohnsitz hatte, § 269 Abs. 1 BGB. Muss die Leistungshandlung aber am Wohnsitz des Schuldners vorgenommen werden, scheidet eine Bringschuld aus. Denn bei der Bringschuld liegt der Leistungsort beim Gläubiger, zu dem die Sache ja gebracht werden muss. Als Möglichkeiten verbleiben eine Holschuld und eine Schickschuld, weil die Leistungshandlung hier jeweils beim Schuldner vollzogen wird (Aussonderung der Sache und Information des Gläubigers hierüber bzw. Übergabe der Sache an eine Transportperson). Fehlen Anhaltspunkte, ist davon auszugehen, dass sich der Gläubiger die Sache beim Schuldner abholen muss. Für die Geldschuld geht das Gesetz allerdings vom Vorliegen einer Schickschuld aus, § 270 Abs. 1 BGB.

Zum Problem der Konkretisierung ein **Beispiel**: K kauft bei V 5.000 l Maschinenöl für seinen Betrieb. Das Öl soll, so die Bitte des K, wie üblich durch ein von V beauftragtes Transportunternehmen geliefert werden. Der Fahrer des Transportunternehmens gerät unverschuldet in einen Verkehrsunfall. Das Öl läuft aus. Der Unfallverursacher entkommt unerkannt. Kann K von V die Lieferung von 5.000 l Maschinenöl verlangen?

Dass insoweit ein Anspruch des K gemäß § 433 Abs. 2 BGB entstanden ist, ist nicht zweifelhaft. Der Anspruch könnte allerdings gemäß § 275 Abs. 1 BGB ausgeschlossen sein. Dann müsste Unmöglichkeit vorliegen. Da V grundsätzlich weiterhin 5.000 l Maschinenöl beschaffen und an K liefern könnte – es liegt eine Gattungsschuld vor –, wäre das nur der Fall, wenn es im Zeitpunkt des Unfalls bereits zur Konkretisierung gemäß § 243 Abs. 2 BGB gekommen war. So war es tatsächlich: V hatte nämlich das seinerseits zur Leistung Erforderliche getan. Es lag eine Schickschuld vor. Weder sollte K das Öl bei V abholen, noch sollte V es dem K liefern. Vielmehr sollte V es mittels eines Transportunternehmens verschicken. Überhaupt sind Warenschulden im gewerblichen Verkehr im Regelfall Schickschulden. Durch die Übergabe an das Transportunternehmen hatte V daher alles Erforderliche getan. Ein Anspruch des K besteht folglich nicht mehr.

b) Abgrenzung zu § 275 Abs. 2 und 3 BGB

Von der „echten“ Unmöglichkeit gemäß § 275 Abs. 1 BGB sind die in § 275 Abs. 2 und 3 BGB geregelten Fälle zu unterscheiden:

§ 275 Abs. 2 BGB betrifft die sog. praktische Unmöglichkeit. Die Erbringung der Leistung ist hier zwar möglich. Allerdings steht der dafür erforderliche Aufwand des Schuldners in einem groben Missverhältnis zu dem Interesse des Gläubigers an der Leistung. Schulbeispiel ist der geschuldete Ring, der auf den Meeresboden fällt. Der Schuldner hat hier ein Leistungsverweigerungsrecht. Das ergibt sich zwanglos aus dem Wortlaut der Vorschrift: „Der Schuldner kann die Leistung verweigern…“ Der Anspruch erlischt nicht.

§ 275 Abs. 3 BGB hat die persönliche Unmöglichkeit zum Gegenstand. Auch hier ist die – vom Schuldner persönlich zu erbringende – Leistung theoretisch möglich. Die Leistungserbringung ist ihm aber unzumutbar. Hier besteht ebenfalls nur ein Leistungsverweigerungsrecht. So kann sich etwa eine Sängerin, deren Kind lebensbedrohlich erkrankt ist, auf § 275 Abs. 3 BGB berufen.

c) § 285 BGB
Wenn der Schuldner infolge des zur Unmöglichkeit führenden Umstands für den geschuldeten Gegenstand einen Ersatz oder Ersatzanspruch erlangt, kann der Gläubiger gemäß § 285 BGB Herausgabe bzw. Abtretung verlangen.
Beispiel: Das geleaste Fahrzeug wird ohne Verschulden des Leasingnehmers zerstört. Gemäß § 275 Abs. 1 BGB wird er von der Pflicht zur Rückgabe des Fahrzeugs frei. Nach § 285 BGB kann der Leasinggeber Abtretung des Anspruchs verlangen, den der Leasingnehmer gegen „seine" Kaskoversicherung hat (die Abtretung vollzieht sich, wie gesagt, gemäß §§ 398 ff. BGB).

d) Auswirkung der Unmöglichkeit auf die Gegenleistung
Braucht der Schuldner gemäß § 275 BGB nicht zu leisten, entfällt gemäß § 326 Abs. 1 Satz 1 BGB – sinnvollerweise – grundsätzlich auch der Anspruch auf die Gegenleistung. Eine Ausnahme ergibt sich z. B. aus § 326 Abs. 3 in den Fällen des § 285 BGB: Hier verlangt der Gläubiger, wie gezeigt, den dem Schuldner infolge der Unmöglichkeit zustehenden Ersatz, der an die Stelle der untergegangenen Sache getreten ist, sodass insoweit kein Grund für den Wegfall des Anspruchs auf die Gegenleistung besteht.
Beim Kaufvertrag sind im vorliegenden Zusammenhang zudem § 446 und § 447 BGB zu beachten. Im obigen Maschinenöl-Fall ist der Anspruch des K gegen V auf Lieferung des Öls gemäß § 275 Abs. 1 BGB ausgeschlossen. Muss aber K dem V den vereinbarten Kaufpreis zahlen? § 326 Abs. 1 Satz 1 BGB sagt: nein. Für das Kaufrecht gelten allerdings §§ 446 f. BGB. Gemäß § 446 Satz 1 BGB geht mit der Übergabe der verkauften Sache an den Käufer u. a. die Gefahr des zufälligen Untergangs auf diesen über. Mit „Gefahr" ist das Risiko gemeint, dass der Käufer zahlen muss, ohne die Sache zu bekommen (sog. Preisgefahr). Hinter der Regelung steht die Überlegung, dass die Gefahr denjenigen treffen soll, in dessen Einflussbereich sich die Sache befindet. § 446 Satz 1 BGB ist hier aber nicht einschlägig. Denn das Öl war noch nicht an K geliefert worden. Versendet allerdings der Verkäufer auf Verlangen des Käufers die Sache nach einem anderen Ort als dem Erfüllungsort, so geht die Gefahr (des zufälligen Untergangs) bereits in dem Zeitpunkt auf den Käufer über, in dem der Verkäufer die Sache der zur Ausführung der

Versendung bestimmten Person ausliefert, § 447 Abs. 1 BGB. „Erfüllungsort" meint den Leistungsort im Sinne des § 269 BGB. Dieser Wechsel im Ausdruck ist sicherlich keine Glanzleistung des Gesetzgebers. Im Beispielsfall war es so, dass das Öl auf die Bitte des K an einen anderen Ort als den Leistungsort versandt werden sollte; es lag eine Schickschuld vor. Mit der Übergabe an das Transportunternehmen durch V war die Gefahr des zufälligen Untergangs (die Preisgefahr) daher auf K übergegangen. Er muss also, obwohl er kein Öl bekommt, den vereinbarten Kaufpreis zahlen.

6. Rücktritt

Im Falle des Rücktritts (etwa wegen eines Sachmangels, § 437 Nr. 2 BGB) erlöschen die bisherigen Leistungspflichten und es entsteht ein Rückgewährschuldverhältnis, §§ 346 ff. BGB.

7. Widerruf bei Verbraucherverträgen gemäß § 355 BGB

Hier besteht eine strukturelle Ähnlichkeit mit dem Rücktritt, siehe §§ 357 ff. BGB.

8. Kündigung

Eine Kündigung kommt beispielsweise bei Mietverhältnissen in Betracht, § 542 BGB. Eine wirksame Kündigung führt – je nach Art der Kündigung – fristlos oder nach Ablauf einer Kündigungsfrist dazu, dass das Vertragsverhältnis beendet wird.

Weiterführende Literatur:

Stephan Lorenz, Grundwissen: Der Vertrag mit Schutzwirkung für Dritte, JuS 2021, 817 ff.

ders., Grundwissen – Zivilrecht: Unmöglichkeit – Auswirkungen auf die Gegenleistung, JuS 2022, 802 ff.

ders., Grundwissen – Zivilrecht: Unmöglichkeit – Voraussetzungen und unmittelbare Rechtsfolgen, JuS 2022, 394 ff.

Dieter Medicus/Jens Petersen, Grundwissen zum Bürgerlichen Recht, 13. Aufl. 2024, § 8 Rn. 11 ff. (Rücktritt) und Rn. 28–30 (Kündigung), § 9 (Erlöschen von Ansprüchen), § 14 Rn. 1–7 (ursprüngliche Vertragsansprüche Dritter).

§ 26 Pflichtverletzung und Schadensersatz wegen Pflichtverletzung

I. Arten von Pflichtverletzungen

Die Abwicklung von vertraglichen Schuldverhältnissen, um die es hier allein gehen soll, kann reibungslos verlaufen, muss es aber natürlich nicht. Es kommen verschiedene Arten von Pflichtverletzungen in Betracht:

- Nichtleistung: Die geschuldete Leistung wird nicht erbracht.
- Verzögerung der Leistung: Die Leistung wird erbracht, aber später als geschuldet.
- Schlechtleistung, z. B.: Die gelieferte Maschine ist mangelhaft im Sinne von § 434 BGB.
- Verletzung von Nebenpflichten, z. B.: Der Maler beschädigt bei Malerarbeiten versehentlich einen Einrichtungsgegenstand des Kunden, hier liegt eine Verletzung von Schutzpflichten gemäß § 241 Abs. 2 BGB vor.

Pflichtverletzungen können u. a. dazu führen, dass Schadensersatz zu leisten ist. Das soll im Folgenden erläutert werden.

Pflichtverletzungen können darüber hinaus z. B. auch zur Folge haben, dass sich der Gläubiger durch Rücktritt bzw. Kündigung vom Vertrag lösen kann.

II. Schadensersatz wegen Pflichtverletzung

1. Grundnorm: § 280 Abs. 1 BGB

Bei der Prüfung von Schadensersatzansprüchen wegen einer Pflichtverletzung bildet § 280 Abs. 1 BGB die Grundnorm.

Die Vorschrift lautet:

> Verletzt der Schuldner eine Pflicht aus dem Schuldverhältnis, so kann der Gläubiger Ersatz des hierdurch entstehenden Schadens verlangen. Dies gilt nicht, wenn der Schuldner die Pflichtverletzung nicht zu vertreten hat.

Daraus ergibt sich die folgende Grundstruktur der Anspruchsprüfung:

a) Haftungsbegründender Tatbestand
Bei der Prüfung des haftungs*begründenden* Tatbestands geht es um die Frage, ob ein Anspruch überhaupt besteht. Der haftungs*ausfüllende* Tatbestand hat hingegen die Frage zum Gegenstand, in welcher Höhe ein Anspruch besteht. Ist der haftungsbegründende Tatbestand nicht erfüllt, erübrigt sich die Frage nach der Anspruchshöhe.

Aus § 280 Abs. 1 BGB folgt, dass Folgendes zu prüfen ist:

- Bestehen eines Schuldverhältnisses
- Pflichtverletzung des Schuldners
  Hier kommen die oben genannten Pflichtverletzungen in Betracht.
- Vertretenmüssen des Schuldners
  Was der Schuldner zu vertreten hat, ergibt sich aus § 276 Abs. 1 Satz 1 BGB, nämlich grundsätzlich Vorsatz und Fahrlässigkeit. Fahrlässigkeit ist das Außerachtlassen der im Verkehr erforderlichen Sorgfalt (§ 276 Abs. 2 BGB). Zu beachten ist, dass das Vertretenmüssen vermutet wird. Das folgt aus der negativen Formulierung des § 280 Abs. 1 Satz 2 BGB („Dies gilt nicht, wenn ..."). Der Schuldner muss sich entlasten („exkulpieren"). Hintergrund ist, dass die maßgeblichen Umstände regelmäßig beim Schuldner liegen, der folglich auch in der Lage ist, sie aufzuklären.[60]

b) Haftungsausfüllender Tatbestand
Ist der haftungsbegründende Tatbestand erfüllt, ist zu prüfen, wie hoch der infolge der Pflichtverletzung eingetretene Schaden ist. Hier sind insbesondere die §§ 249 ff. BGB bedeutsam. Sie werden weiter unten im Zusammenhang mit dem Recht der unerlaubten Handlungen erörtert.

2. Besonderheiten gemäß §§ 280 Abs. 2, 286 BGB und §§ 280 Abs. 3, 281–283 BGB

Die §§ 280 Abs. 2, 286 BGB enthalten ergänzende Regelungen für den Schadensersatz wegen Verzögerung der Leistung und die §§ 280 Abs. 3, 281–283 BGB für den Schadensersatz „statt der Leistung". Hier kommen jeweils noch weitere Punkte im Rahmen der Anspruchsprüfung hinzu.

Dazu jetzt im Einzelnen:

a) Schadensersatz wegen Verzögerung der Leistung, §§ 280 Abs. 1 und 2, 286 BGB
Schadensersatz wegen Verzögerung der Leistung kann der Gläubiger ausweislich der Regelung des § 280 Abs. 2 BGB nur unter den zusätzlichen Voraussetzungen des § 286 BGB verlangen. Erforderlich ist also ein Verzug des Schuldners im Sinne des § 286 BGB.

60 Näheres zum Vertretenmüssen sogleich unter 4.

aa) Verzug
Unter Verzug versteht man die Nichtleistung trotz

- Möglichkeit zur Leistung (es darf also kein Fall der Unmöglichkeit gemäß § 275 BGB vorliegen),
- Fälligkeit (§ 271 Abs. 1 BGB: im Zweifel sofort)
- und Mahnung, sofern sie nicht ausnahmsweise verzichtbar ist.

Eine Mahnung ist die an den Schuldner gerichtete, nicht an eine Form gebundene Aufforderung des Gläubigers, die geschuldete Leistung zu erbringen. Die (erstmalige) Zusendung einer bloßen Rechnung genügt diesen Anforderungen nicht. Zu berücksichtigen ist, dass eine Mahnung gemäß § 286 Abs. 2 und 3 BGB ausnahmsweise entbehrlich sein kann.
§ 286 Abs. 3 BGB bestimmt, dass der Schuldner einer Entgeltforderung spätestens in Verzug gerät, wenn er nicht innerhalb von 30 Tagen nach Fälligkeit und Zugang einer Rechnung leistet. Gegenüber einem Verbraucher (§ 13 BGB) greift die Regelung aber nur, wenn er in der Rechnung auf diese Folge hingewiesen worden ist.
Gemäß § 286 Abs. 4 BGB kommt der Schuldner nicht in Verzug, solange die Leistung infolge eines Umstands unterbleibt, den er nicht zu vertreten hat. Auch diese Vorschrift enthält eine Verschuldensvermutung; der Schuldner muss sich also entlasten.
Beispiel: Einem Kfz-Haftpflichtversicherer ist bei der Schadensregulierung eine angemessene Frist zur Prüfung von Grund und Umfang der Ersatzpflicht zuzubilligen. Vor deren Ablauf tritt mangels Verschuldens (§ 286 Abs. 4 BGB) kein Verzug ein.

bb) Erstattung des Verzugsschadens
Neben die Pflicht des Schuldners zur Erfüllung tritt seine Pflicht zur Erstattung des Verzugsschadens. Der Gläubiger ist so zu stellen, wie er bei rechtzeitiger Leistung stehen würde.
Beispiel: Eine Maschine wird zu spät geliefert. Der Käufer muss bis zur Lieferung ersatzweise eine andere Maschine mieten. Die Miete ist – das Vorliegen der weiteren Voraussetzungen für einen Verzugsschadensersatz unterstellt – grundsätzlich als Verzugsschaden erstattungsfähig.

cc) Exkurs: Weitere Verzugsfolgen
Der Schuldnerverzug kann weitere Folgen nach sich ziehen, insbesondere kann der Schuldner verpflichtet sein, Verzugszinsen zu zahlen,

§ 288 Abs. 1 und Abs. 2 BGB. Voraussetzung ist, dass sich der Verzug auf eine Geldschuld bezieht.

b) Schadensersatz „neben der Leistung“ (§ 280 Abs. 1 BGB) vs. Schadensersatz „statt der Leistung“ (§§ 280 Abs. 1 und 3, 281–283 BGB)
Die §§ 280 Abs. 3, 281–283 BGB enthalten, wie gesagt, zusätzliche Regelungen für den Schadensersatz „statt der Leistung“. Die Beantwortung der Frage, ob sich ein Schadensersatzanspruch unmittelbar aus § 280 Abs. 1 BGB ergibt oder die zusätzlichen Voraussetzungen gemäß §§ 281 ff. BGB vorliegen müssen, kann Schwierigkeiten bereiten.

aa) Abgrenzung
Ein **Beispiel** zur Veranschaulichung: K kauft bei V für seinen Betrieb Maschinenöl. Es wird eine bestimmte Qualität vereinbart. K verwendet das Öl. Im Anschluss tritt ein Defekt an den Maschinen ein. Es stellt sich heraus, dass das Öl – für K nicht erkennbar – aufgrund eines Versehens des V nicht die vereinbarte Qualität hatte. K kauft das „richtige“ Öl nunmehr beim Händler H. Er verlangt von V im Wege des Schadensersatzes Erstattung der Kosten, die ihm durch den Ersatzkauf bei H entstanden sind. Zudem verlangt er Schadensersatz für die Reparatur der beschädigten Maschinen.
Vorüberlegungen:

- Schadensersatz „statt der Leistung“ setzt gemäß § 281 Abs. 1 BGB grundsätzlich voraus, dass dem Schuldner erfolglos eine angemessene Nachfrist gesetzt wird (eine Ausnahme findet sich z. B. in § 281 Abs. 2 BGB). Dem Schuldner soll ein „Recht zur zweiten Andienung“, also eine zweite Chance, gegeben, ein (vor-)schneller Rückgriff auf Schadensersatzansprüche unterbunden werden.
- Würde aber eine gedachte Nachholung der geschuldeten Leistung (im letztmöglichen Zeitpunkt) den geltend gemachten Schaden nicht entfallen lassen, erweist sich eine Nachfristsetzung als von vornherein sinnlos. Dann bewegt man sich ausschließlich im Anwendungsbereich des § 280 Abs. 1 BGB, nicht im Bereich des Schadensersatzes statt der Leistung.[61] Man kann hier von „Begleitschäden“ sprechen.[62]
- Der Schaden an den Maschinen ist ein solcher Begleitschaden, der weitere Schaden nicht: Die (gedachte) Nachholung der ge-

61 Stephan Lorenz, in: Beck'scher Online-Kommentar BGB, Stand: 1.2.2025, § 280 Rn. 28.
62 Dieter Medicus/Jens Petersen, Bürgerliches Recht, 29. Aufl. 2023, Rn. 238.

schuldeten Leistung im Zeitpunkt vor dem Ersatzkauf, also die Lieferung des Öls in der vereinbarten Qualität, lässt den Schaden an den Maschinen nicht entfallen, sehr wohl aber die Erforderlichkeit eines Ersatzkaufs.

Bezogen auf den obigen Beispielsfall ergibt sich also:

- Der Öl-Ersatzkauf unterfällt §§ 280 Abs. 1 und 3, 281 BGB (in Verbindung mit §§ 437 Nr. 3, 434 Abs. 1, 2 Satz 1 Nr. 1 BGB, weil ein Sachmangel vorliegt). Da sich K ohne Nachfristsetzung Ersatz beschafft hat, bekommt er keinen Schadensersatz (sog. unzulässige Selbstvornahme).
  Die Fristsetzung gemäß § 281 BGB muss eine bestimmte und eindeutige Aufforderung zur Leistung enthalten. Die bloße Aufforderung, sich über die Leistungsbereitschaft zu erklären, genügt beispielsweise nicht. Ein bestimmter Endtermin muss hingegen nicht angegeben werden. Es genügt, wenn der Gläubiger „sofortige“ Leistung o. Ä. verlangt. Ein solches Verlangen setzt den Lauf einer angemessenen Frist in Gang. Der Schuldner muss den Mangel innerhalb der Frist beseitigen; anderenfalls ist sie fruchtlos abgelaufen.
- Die Anspruchsgrundlage für den Schadensersatz wegen der Beschädigung der Maschinen ergibt sich unmittelbar aus § 280 Abs. 1 BGB (in Verbindung mit § 437 Nr. 3, 434 Abs. 1, 2 Satz 1 Nr. 1 BGB). Beim Schadensersatzanspruch (nur) gemäß § 280 Abs. 1 BGB handelt es sich um einen Schadensersatzanspruch „neben der Leistung“. Auch der Schadensersatzanspruch wegen Verzögerung der Leistung ist ein solcher Anspruch. Die Pflicht des Schuldners zur Erstattung des Verzugsschadens tritt nämlich neben die Pflicht des Schuldners zur Erfüllung.

bb) „Kleiner“ und „großer“ Schadensersatz statt der Leistung

(1) „Kleiner“ Schadensersatz

Hier behält der Gläubiger (z. B.) die mangelhafte Sache und verlangt die Wertdifferenz zu einer mangelfreien Sache als Schadensersatz (ggf. nebst Folgeschäden).

(2) „Großer“ Schadensersatz

Beim „großen“ Schadensersatz statt der Leistung gibt der Gläubiger die erhaltene Leistung zurück und verlangt Schadensersatz für die Nichterfüllung des ganzen Vertrages („Schadensersatz statt der ganzen Leistung", vgl. § 281 Abs. 1 Sätze 2 und 3 BGB). Ein solches Vorgehen ist ausgeschlossen, wenn die Pflichtverletzung unerheblich ist, § 281 Abs. 1 Satz 3 BGB.

cc) Auswirkung auf die Leistungspflicht

Aus § 281 Abs. 4 BGB ergibt sich, dass der Anspruch auf die Leistung erlischt, sobald der Gläubiger (berechtigt!) Schadensersatz statt der Leistung verlangt.

dd) Schadensersatz statt der Leistung und Unmöglichkeit

(1) Anspruchsgrundlage bei nachträglicher Unmöglichkeit

Bei nachträglicher Unmöglichkeit (d. h. Unmöglichkeit nach Begründung des Schuldverhältnisses) ergibt sich der Schadensersatzanspruch aus §§ 280 Abs. 1 und 3, 283 BGB. Ist die Leistung unmöglich geworden, bedarf es keiner – in diesem Fall sinnlosen – Nachfristsetzung. Das berücksichtigt § 283 BGB. Das Vertretenmüssen im Sinne des § 280 Abs. 1 Satz 2 BGB bezieht sich hier auf die Umstände, auf denen die Unmöglichkeit beruht.

Beispiel: K und V haben Mitte September einen Kaufvertrag über eine etwas ramponierte Vase aus dem 19. Jahrhundert zu einem Kaufpreis von 3.000 € geschlossen. Sie vereinbaren, dass V die Vase zunächst restaurieren lässt und sie am 1. November zu K bringt. Im Oktober passiert dem V ein Missgeschick: Er lässt die Vase fallen, dabei wird sie irreparabel zerstört. In der Zwischenzeit hatte K seinerseits einen Käufer gefunden, an den er die Vase für 5.000 € weiterverkauft hätte. Hier ist dem V die Erfüllung der Pflicht zur Übergabe und zur Übereignung der Vase an K gemäß § 433 Abs. 1 Satz 1 BGB unmöglich geworden, § 275 Abs. 1 BGB. K kann von V gemäß §§ 280 Abs. 1 und 3, 283 BGB in Verbindung mit § 252 BGB Erstattung des entgangenen Gewinns verlangen.

(2) Anspruchsgrundlage bei anfänglicher Unmöglichkeit

Liegt Unmöglichkeit „schon bei Vertragsschluss" vor (vgl. § 311a Abs. 1 BGB), ist § 311a Abs. 2 BGB einschlägig. Die Schadensersatzpflicht entfällt, wenn der Schuldner das Leistungshindernis bei Vertragsschluss nicht kannte und seine Unkenntnis auch nicht zu vertreten hat, § 311a Abs. 2 Satz 2 BGB. Der Schuldner muss sich entlasten. Der Bezugspunkt hinsichtlich des Verschuldens ist ein anderer als bei § 283 BGB. Es geht hier um eine „Informations- und Irrtumsproblematik" (so die Gesetzesbegründung). Wäre im obigen Beispielsfall die Vase schon vor Vertragsschluss irreparabel zerstört gewesen, wäre also § 311a Abs. 2 BGB die Anspruchsgrundlage.

ee) Schadensersatz statt der Leistung nach § 282 BGB wegen einer Nebenpflichtverletzung gemäß § 241 Abs. 2 BGB
Schadensersatz statt der Leistung wegen einer Nebenpflichtverletzung gemäß § 241 Abs. 2 BGB ist nach § 282 BGB nur zu leisten, wenn dem Gläubiger die Leistung durch den Schuldner nicht mehr zumutbar ist. Es kommt darauf an, ob das Festhalten am Vertrag unzumutbar ist. Das ist – wie so oft – eine Frage des Einzelfalls. Denkbar ist das etwa bei Beleidigungen bzw. schweren Kränkungen des Gläubigers.

3. Exkurs: Aufwendungsersatz, § 284 BGB

Ersatz vergeblicher Aufwendungen, die im Vertrauen auf den Erhalt der Leistung gemacht wurden, kann gemäß § 284 BGB „anstelle des Schadensersatzes statt der Leistung" (d. h. die Voraussetzungen hierfür müssen vorliegen!) verlangt werden. Ein Beispiel ist die an einen Makler gezahlte Vergütung (vgl. § 652 Abs. 1 BGB) bei einem gescheiterten Grundstückskaufvertrag.

4. Vertretenmüssen

a) Ausgangspunkt: Haftung für eigenes Verschulden, § 276 BGB
Klar ist, dass für eigenes Verschulden gehaftet wird. Das setzt Verschuldensfähigkeit voraus; § 276 Abs. 1 Satz 2 BGB verweist insoweit auf die §§ 827 f. BGB. Hiernach ist etwa ein Minderjähriger, der das siebente Lebensjahr noch nicht vollendet hat, für einen Schaden, den er einem anderen zugefügt hat, nicht verantwortlich, § 828 Abs. 1 BGB.
Der Schuldner hat grundsätzlich Vorsatz und Fahrlässigkeit zu vertreten, § 276 Abs. 1 Satz 1 BGB.

- Der Begriff „Vorsatz" ist im BGB nicht definiert. Unter Vorsatz versteht man hier, etwas grob gesprochen, das Wissen und Wollen der Pflichtverletzung. Es ist nicht erforderlich, dass es dem Schuldner gerade darauf ankommt, seine Pflicht zu verletzen. Sog. bedingter Vorsatz genügt. Gemeint ist damit die billigende Inkaufnahme der Pflichtverletzung (Merkformel: „Es ist mir gleichgültig.")
  Ein Beispiel jenseits vertraglicher Pflichtverletzungen: A schlägt B mit einem harten Gegenstand auf den Kopf. B verstirbt an den Verletzungen. War sich A bewusst, dass B durch den Schlag versterben kann, und war ihm das gleichgültig, liegt bedingter Tötungsvorsatz vor. Dachte A hingegen, dass es schon gut gehen und B durch den Schlag keine töd-

lichen Verletzungen davontragen werde, liegt lediglich Fahrlässigkeit vor.

- Was unter Fahrlässigkeit zu verstehen ist, ergibt sich aus § 276 Abs. 2 BGB. Fahrlässigkeit ist hiernach die Außerachtlassung der (objektiv) im Verkehr erforderlichen Sorgfalt. Entscheidend ist, was von jemandem in der jeweiligen Situation erwartet werden konnte, und zwar unabhängig von den individuellen Fähigkeiten, Kenntnissen (usw.) der konkret handelnden Person.

In § 276 Abs. 1 Satz 1 BGB heißt es aber nicht nur, dass der Schuldner Vorsatz und Fahrlässigkeit zu vertreten hat. Vielmehr heißt es weiter: „wenn eine strengere oder mildere Haftung weder bestimmt noch aus dem sonstigen Inhalt des Schuldverhältnisses [...] zu entnehmen ist".
Das Gesetz bestimmt z. B., dass der Verwahrer bei einer unentgeltlichen Aufbewahrung einer Sache nur für diejenige Sorgfalt einzustehen hat, die er in eigenen Angelegenheiten anzuwenden pflegt („eigenübliche Sorgfalt", § 277 BGB), § 690 BGB in Verbindung mit § 277 BGB. Wer unentgeltlich verwahrt, soll nicht die im Verkehr erforderliche (§ 276 Abs. 2 BGB), sondern nur die eigenübliche Sorgfalt schulden (§ 277 BGB). Der Grund der Haftungsprivilegierung, die ihre Wurzeln im römischen Recht hat, ist der Umstand, dass der unentgeltliche Verwahrer nicht eigennützig, sondern fremdnützig tätig wird.
Der Haftungsmaßstab kann grundsätzlich auch vertraglich geregelt werden. Es herrscht Vertragsfreiheit. Allerdings kann die Haftung für Vorsatz niemals ausgeschlossen werden, § 276 Abs. 3 BGB, zudem sind andere Beschränkungen, z. B. durch §§ 305 ff. BGB – die, wie gezeigt, die Wirksamkeit von Vereinbarungen im Rahmen Allgemeiner Geschäftsbedingungen betreffen – zu beachten.

b) Haftung für Dritte, insbesondere Erfüllungsgehilfen und gesetzliche Vertreter

aa) Erfüllungsgehilfen, § 278 Satz 1 Alt. 2 BGB

Erfüllungsgehilfe ist, wer mit Wissen und Wollen des Schuldners in dessen Pflichtenkreis tätig wird.

§ 278 Satz 1 Alt. 2 BGB rechnet dem Schuldner das Verschulden von Hilfspersonen zu, damit er sich durch – häufig vorkommende – Arbeitsteilung nicht der eigenen Verantwortlichkeit entziehen kann. § 278 BGB führt aber nicht nur zur Zurechnung des Verschuldens des Erfüllungsgehilfen, sondern auch seines Verhaltens. Das Handeln des Erfüllungsgehilfen muss in einem unmittelbaren sachlichen Zusammenhang mit den Aufgaben stehen, die ihm zugewiesen worden sind. Das ist etwa zu verneinen, wenn der mit Reparaturarbeiten beauftragte Angestellte bei der Ausführung der Arbeiten bei einem Kunden einen Diebstahl begeht.

Beispiel für eine Zurechnung gemäß § 278 Satz 1 Alt. 2 BGB: Der Malermeister, der für die Durchführung der vertraglich geschuldeten Malerarbeiten seinen Mitarbeiter schickt, muss dafür einstehen, wenn der Mitarbeiter dabei fahrlässig das Eigentum des Kunden beschädigt.

bb) Gesetzliche Vertreter, § 278 Satz 1 Alt. 1 BGB

In gleicher Weise muss sich der Schuldner das Verhalten und das Verschulden seines gesetzlichen Vertreters zurechnen lassen (z. B. Eltern als gesetzliche Vertreter des Kindes).

Weiterführende Literatur:

Stephan Lorenz, Grundwissen – Zivilrecht: Haftung für den Erfüllungsgehilfen (§ 278 BGB), JuS 2007, 983 ff.

ders., Grundwissen – Zivilrecht: Unmöglichkeit – Schadensersatz statt der Leistung, JuS 2023, 10 ff.

ders., Grundwissen – Zivilrecht: Vertretenmüssen (§ 276 BGB), JuS 2007, 611 ff.

ders., Grundwissen – Zivilrecht: Was ist eine Pflichtverletzung (§ 280 I BGB)?, 2007, 213 ff.

Dieter Medicus/Jens Petersen, Grundwissen zum Bürgerlichen Recht, 13. Aufl. 2024, § 11 Rn. 1–20 (Schadensersatz: Pflichtverletzung und Vertretenmüssen).

§ 27 Vertragstypen

I. Kaufvertrag, insbesondere Sachmängelgewährleistung

1. Typische Verträge und Vertragsfreiheit

Im BGB finden sich zahlreiche Regeln über (ideal-)typische Verträge, d. h. über Verträge, die im Rechtsleben häufig vorkommen. Dazu gehört z. B. der Kaufvertrag. Selbstverständlich (Vertragsfreiheit!) können aber auch andere, sog. atypische Verträge geschlossen werden.

2. Rechtliche Einordnung des Kaufvertrags

Beim Kaufvertrag (§§ 433 ff. BGB) geht es, einfach gesprochen, um die Verpflichtung zum Austausch „Geld gegen Sache". Die Verpflichtung zum Austausch „Sache gegen Sache" ist Tauschvertrag gemäß § 480 BGB. Die Vorschriften über den Kauf finden hier aber entsprechende Anwendung. Die Verpflichtung zu einer unentgeltlichen Zuwendung einer Sache ist eine Schenkung, §§ 516 ff. BGB.

Aus dem Gesagten ergibt sich, dass es sich beim Kaufvertrag um einen gegenseitigen Vertrag handelt. *Do ut des* (lat.). Ich gebe, damit du gibst.

Die Gegenseitigkeit fehlt beispielsweise beim Auftrag (§§ 662 ff. BGB). Der Auftragnehmer ist verpflichtet, den Auftrag auszuführen. Unter Umständen muss der Auftraggeber Aufwendungsersatz leisten (§ 670 BGB). Das ist aber keine Gegenleistung für sein Tätigwerden. Es soll nur verhindert werden, dass er Einbußen erleidet. Man spricht hier von unvollkommen zweiseitig verpflichtenden Verträgen.

Der Kauf ist ein Verpflichtungsgeschäft. Die Eigentumslage ändert sich erst durch die Übertragung des Eigentums, bei beweglichen Sachen gemäß §§ 929 ff. BGB (Verfügungsgeschäft): Es gilt das Trennungsprinzip.

3. Pflichten der Parteien

Der Käufer ist zur Zahlung des vereinbarten Kaufpreises und zur Abnahme der Sache verpflichtet, § 433 Abs. 2 BGB. Der Verkäufer schuldet die Übergabe der Sache an den Käufer und Verschaffung des Eigentums, und zwar frei von Sach- und Rechtsmängeln, § 433 Abs. 1 BGB.

Verlangt der Käufer vom Verkäufer die geschuldete Leistung oder umgekehrt, kann der in Anspruch Genommene ein Zurückbehaltungsrecht (Einrede) geltend machen: Die Leistung kann nach Maßgabe des § 320 Abs. 1 BGB bis zur Bewirkung der Gegenleistung verweigert werden. In einem Rechtsstreit kommt es in einem solchen Fall zu einer Verurteilung zur Leistung Zug um Zug, § 322 BGB.

Vom Zurückbehaltungsrecht gemäß § 320 BGB ist das Zurückbehaltungsrecht im Sinne des § 273 BGB zu unterscheiden. § 320 BGB bezieht sich auf Leistungspflichten „aus einem gegenseitigen Vertrag" – wie dem Kauf –, § 273 Abs. 1 BGB hingegen auf „dasselbe rechtliche Verhältnis". Gemeint ist ein einheitliches Lebensverhältnis, das es als treuwidrig erscheinen ließe, wenn der eigene Anspruch ohne Rücksicht auf den anderen geltend gemacht würde. Beispiel: Ansprüche aus unterschiedlichen Verträgen zweier Parteien, wenn die Vertragsabschlüsse regelmäßig erfolgen und vergleichbare Leistungsinhalte haben.

4. Gewährleistungsrecht, §§ 434 ff. BGB

Der Verkäufer hat dem Käufer die Sache frei von Sach- und Rechtsmängeln zu verschaffen, § 433 Abs. 1 Satz 1 BGB.

a) Sachmangel/Rechtsmangel

aa) Frei von Sachmängeln ist eine Sache gemäß § 434 Abs. 1 BGB, wenn sie bei Gefahrübergang
- den subjektiven Anforderungen (§ 434 Abs. 2 BGB),
- den objektiven Anforderungen (§ 434 Abs. 3 BGB)
- und den Montageanforderungen (§ 434 Abs. 4 BGB, „Ikea-Klausel")

entspricht.

Der Zeitpunkt des Gefahrübergangs ergibt sich aus § 446 und § 447 Abs. 1 BGB. Gemäß § 446 Satz 1 BGB geht die Gefahr des zufälligen Untergangs und der zufälligen Verschlechterung grundsätzlich mit der Übergabe der Sache auf den Käufer über. Beim Versendungskauf geschieht das, sobald der Verkäufer die Sache der zur Versendung bestimmten Person ausliefert, § 447 Abs. 1 BGB.[63]

§ 434 BGB verwendet häufig den Begriff der „Beschaffenheit". Das sind alle Merkmale einer Sache, die ihr selbst anhaften oder sich aus ihrer Beziehung zur Umwelt ergeben (z. B. physische Eigenschaften; die Ertragsfähigkeit eines Grundstücks; die rechtlichen Rahmenbedingungen für die Nutzung der Sache, die mit ihren physischen Eigenschaften zusammenhängen). Einzelne Aspekte der Beschaffenheit werden in § 434 Abs. 2 Satz 2 BGB hervorgehoben.

„Subjektiv" sind die in § 434 Abs. 2 BGB genannten Anforderungen, weil sie auf die Vereinbarungen der Parteien Bezug nehmen. Eine Beschaffenheitsvereinbarung gemäß § 434 Abs. 2 Satz 1 Nr. 1 BGB setzt – selbstverständlich – die Abgabe entsprechender *Willens*erklärungen voraus. Bloße *Wissens*erklärungen unterfallen der Vorschrift daher nicht. Lediglich *Wissens*erklärung ist etwa die beim Kfz-Verkauf häufige Angabe „laut Vorbesitzer unfallfrei". Besteht aber mehr als ein Bagatellschaden (Lackkratzer), liegt ein Mangel gemäß § 434 *Abs. 3* Satz 1 Nr. 2 BGB vor. Dann besteht eine Abweichung von den objektiven Anforderungen. Das Fahrzeug hat nicht die übliche Beschaffenheit. Schäden, die über Bagatellschäden hinausgehen, haben nämlich in der Regel mitbestimmenden Einfluss auf den Kaufentschluss. Ob die Schäden fachgerecht repariert wurden, ist dabei unerheblich.

63 Zu §§ 446 f. BGB oben § 25 IV.5.d).

Erfolgt eine Wissenserklärung mindestens fahrlässig falsch, kann sich ein Schadensersatzanspruch aus §§ 280 Abs. 1, 311 Abs. 2, 241 Abs. 2 BGB ergeben (sog. Verschulden bei Vertragsverhandlungen, lat. *culpa in contrahendo*, kurz c. i. c.).
Zu beachten ist schließlich, dass die Lieferung einer anderen als der vertraglich geschuldeten Sache einem Sachmangel gleichsteht, § 434 Abs. 5 BGB.

bb) Wann ein Rechtsmangel vorliegt, regeln die §§ 435, 436 BGB.

b) Rechte des Käufers bei Mängeln

aa) Welche Rechte der Käufer bei Mängeln hat, ergibt sich aus § 437 BGB:
Verschuldens*un*abhängig kann der Käufer

- Nacherfüllung verlangen, §§ 437 Nr. 1, 439 BGB,
- zurücktreten, §§ 437 Nr. 2 Alt. 1 BGB, 440, 323, 326 Abs. 5 BGB,
- den Kaufpreis mindern, §§ 437 Nr. 2 Alt. 2, 441 BGB, und zwar „statt zurückzutreten", d. h. die Voraussetzungen für den Rücktritt müssen vorliegen, allerdings mit einer Einschränkung, die sich aus § 441 Abs. 1 Satz 2 BGB ergibt: § 323 Abs. 5 Satz 2 BGB gilt nicht. Eine Minderung ist also, anders als der Rücktritt, auch bei einem unerheblichen Mangel möglich. Näheres dazu sogleich.

Verschuldens*ab*hängig kann der Käufer (wie schon erläutert)

- Schadensersatz verlangen, §§ 437 Nr. 3 Alt. 1, 440, 280, 281, 283, 311a BGB,
- Aufwendungsersatz fordern, §§ 437 Nr. 3 Alt. 2, 284 BGB.

bb) Nacherfüllung, § 439 BGB
Bei der Nacherfüllung kann der Käufer zwischen Mangelbeseitigung und Lieferung einer mangelfreien Sache wählen, § 439 Abs. 1 BGB. Die Nacherfüllung kann gemäß § 439 Abs. 4 BGB verweigert werden, wenn sie nur mit unverhältnismäßigen Kosten möglich ist.

cc) Minderung, § 441 BGB
Die Minderung setzt eine entsprechende Erklärung des Käufers voraus, § 441 Abs. 1 Satz 1 BGB. Sie tritt nicht „automatisch" ein (anders ist das übrigens im Mietrecht, § 536 BGB). Der Minderungsbetrag muss in der Minderungserklärung nicht beziffert werden. Die Erklärung, zu mindern, ist ausreichend. Die Höhe der Minderung ergibt sich nämlich aus dem Gesetz.

dd) Rücktritt
Der Rücktritt hat folgende Voraussetzungen:

(1) Erforderlich ist zunächst eine Rücktrittserklärung, § 349 BGB.
(2) Weiter muss ein Rücktrittsgrund gegeben sein. Im Gewährleistungsrecht ist das das Vorliegen eines Mangels.
(3) Grundsätzlich bedarf es einer Nachfristsetzung, § 323 Abs. 1 BGB. Es gibt aber – wie beim Schadensersatz – Ausnahmen:
- § 323 Abs. 2 BGB (vgl. § 281 Abs. 2 BGB bei Schadensersatzansprüchen)
- § 326 Abs. 5 BGB
  Die Vorschrift betrifft Fälle der Unmöglichkeit, es handelt sich um die Parallele zu § 283 BGB beim Schadensersatz.
- § 440 BGB
  Hiernach ist eine Fristsetzung entbehrlich, wenn der Verkäufer beide Arten der Nacherfüllung, d. h. Mangelbeseitigung und Lieferung einer mangelfreien Sache, verweigert oder wenn die dem Käufer zustehende Art der Nacherfüllung fehlgeschlagen oder unzumutbar ist.

Rechtsfolgen
Liegen diese Voraussetzungen vor, erlöschen die Primäransprüche, z. B. der Anspruch des Käufers auf Übergabe und Übereignung der Sache. Es entsteht ein Rückgewährschuldverhältnis; der Vertrag ist gemäß §§ 346 ff. BGB rückabzuwickeln.

ee) Ausschluss von Gewährleistungsansprüchen
Gewährleistungsansprüche können ausgeschlossen sein. Der Ausschluss kann auf Vertrag oder Gesetz beruhen.

(1) Vertragliche Ausschlüsse
Bei vertraglichen Ausschlüssen ist zu prüfen, ob der Ausschluss wirksam ist. Die Unwirksamkeit kann sich beispielsweise – wenn es um AGB geht – aus §§ 305 ff. BGB ergeben. Zu denken ist hier aber auch an § 444 BGB. Nach dieser Vorschrift kann sich der Verkäufer auf eine Vereinbarung, die die Rechte des Käufers wegen eines Mangels ausschließt oder beschränkt, nicht berufen, soweit der Verkäufer den Mangel arglistig (d. h. vorsätzlich) verschwiegen oder eine Garantie für die Beschaffenheit der Sache übernommen hat (dazu unten).

(2) Gesetzliche Ausschlüsse
§ 442 Abs. 1 Satz 1 BGB schließt Rechte des Käufers wegen eines Mangels aus, wenn er den Mangel bei Vertragsschluss gekannt

hat. In diesem Fall ist er schlicht nicht schutzwürdig. Hat der Käufer den Mangel zwar nicht gekannt, ist er ihm aber infolge grober Fahrlässigkeit unbekannt geblieben, können Gewährleistungsrechte nur geltend gemacht werden, wenn der Verkäufer den Mangel arglistig verschwiegen oder eine Garantie für die Beschaffenheit der Sache übernommen hat, § 442 Abs. 1 Satz 2 BGB.
Beim Rücktritt ist § 323 Abs. 5 Satz 2 BGB zu beachten. Diese Vorschrift schließt den Rücktritt trotz nicht vertragsgemäßer Leistung aus, wenn die Pflichtverletzung unerheblich ist (in § 281 Abs. 1 Satz 3 BGB findet sich die Parallelvorschrift für den Schadensersatz statt der ganzen Leistung). Hier ist die Bedeutung des Mangels anhand aller Umstände des Einzelfalls zu würdigen. Bei behebbaren Mängeln kann ein Mangel als unerheblich anzusehen sein, wenn der Beseitigungsaufwand nicht mehr als 5 % des Kaufpreises beträgt.

ff) Verjährung von Gewährleistungsansprüchen, § 438 BGB
Regeln über die Verjährung von Mängelansprüchen finden sich in § 438 BGB. Sehr oft ist § 438 Abs. 1 Nr. 3 BGB einschlägig. Hiernach verjähren die in § 437 Nr. 1 und Nr. 3 BGB bezeichneten Ansprüche in zwei Jahren. Gemäß § 438 Abs. 2 BGB beginnt der Lauf der Verjährungsfrist mit der Übergabe.
§ 438 Abs. 3 BGB enthält eine Sonderregelung für den Fall, dass der Verkäufer den Mangel arglistig verschwiegen hat. Die Vorschrift verändert die Rechtslage zu Ungunsten des verwerflich handelnden Verkäufers.
Ein letzter Hinweis: Rücktritt und Minderung sind keine Ansprüche, sondern Gestaltungsrechte. Erst durch ihre Ausübung entstehen Ansprüche. Daher finden sich für diese beiden Rechte Sonderregelungen in § 438 Abs. 4 und 5 BGB.

c) Besonderheiten beim Verbrauchsgüterkauf, §§ 474 ff. BGB
Ein Verbrauchsgüterkauf ist ein Kaufvertrag zwischen einem Verbraucher (§ 13 BGB) und einem Unternehmer (§ 14 BGB) über eine Ware im Sinne des § 241a Abs. 1 BGB. So bestimmt es § 474 Abs. 1 BGB. Das BGB trifft hier besondere Regelungen, um den Käufer zusätzlich zu schützen.
Mit Blick auf das Gewährleistungsrecht ist Folgendes hervorzuheben:

- § 476 Abs. 1 Satz 1 BGB beschränkt u. a. die Möglichkeit, die gesetzlich vorgesehene Mängelgewährleistung zum Nachteil des Käufers zu verändern. Von dieser Regelung ausgenommen sind aber Schadensersatzansprüche, § 476 Abs. 3 BGB.

- Gemäß § 476 Abs. 2 Satz 1 BGB ist die Verkürzung der Verjährungsfrist zum Nachteil des Käufers nur beschränkt möglich, insbesondere kann sie bei gebrauchten Waren höchstens auf ein Jahr verkürzt werden. Ausgenommen sind wiederum Schadensersatzansprüche, § 476 Abs. 3 BGB.
- Geht es um AGB, sind immer die §§ 305 ff. BGB zu beachten, wonach Vereinbarungen zum Nachteil des Käufers in weitergehendem Umfang unzulässig sein können, siehe insbesondere § 309 Nr. 7 und 8 BGB.
- § 477 BGB sieht eine Beweislastumkehr vor. Grundsätzlich muss der Käufer im Bestreitensfall beweisen, dass die Sache *bei Gefahrübergang* mangelhaft war (vgl. § 363 BGB). Das kann mit erheblichen Unwägbarkeiten verbunden sein und dazu führen, dass er den Rechtsstreit verliert. Bei einem Verbrauchsgüterkauf hilft ihm § 477 BGB: Zeigt sich innerhalb eines Jahres seit Gefahrübergang ein (u. a.) von den Anforderungen nach § 434 BGB abweichender Zustand der Ware, so wird vermutet, dass die Ware bereits bei Gefahrübergang mangelhaft war, es sei denn, diese Vermutung ist mit der Art der Ware oder des mangelhaften Zustands unvereinbar.
  Bestreitet der Verkäufer im Prozess nicht, dass die Sache bereits bei Gefahrübergang mangelhaft war, gilt der diesbezügliche Vortrag des Klägers – wie allgemein im Zivilprozess – als zugestanden, § 138 Abs. 3 ZPO. Das Gericht überprüft die Richtigkeit des Vortrags in diesem Fall nicht.

Jenseits des Gewährleistungsrechts ist u. a. zu berücksichtigen, dass § 475 Abs. 2 BGB – im Ergebnis – dazu führt, dass § 447 Abs. 1 BGB (Gefahrtragung beim Versendungskauf) bei einem Verbrauchsgüterkauf nicht anwendbar ist.[64]

d) Konkurrenzen, insbesondere: Mängelgewährleistung und Anfechtung wegen Eigenschaftsirrtums (§ 119 Abs. 2 BGB)

Das Gewährleistungsrecht schließt eine Anfechtung wegen Eigenschaftsirrtums gemäß § 119 Abs. 2 BGB aus, wenn sich der Irrtum des Käufers auf eine Eigenschaft der Sache bezieht, deren Fehlen Gewährleistungsansprüche auslösen kann. Es soll verhindert werden, dass die einschränkenden Rege-

64 Zu § 447 BGB oben § 25 IV.5.d).

lungen des Kaufrechts ausgehebelt werden. In gleicher Weise ist es dem Verkäufer verwehrt, wegen eines Eigenschaftsirrtums anzufechten, wenn er sich damit Gewährleistungsansprüchen des Käufers entzöge.

Zur Verdeutlichung ein **Beispiel**: K kauft von V in dessen Galerie für 20.000 € das Bild „Die Flamingos“ des berühmten Künstlers Heinrich Hügel. Er nimmt das Bild mit nach Hause. Zwei Jahre nach der Übergabe des Bildes kommen ihm Zweifel, ob es wirklich das Original ist. Daher lässt er es durch einen Kunstsachverständigen begutachten. Es stellt sich heraus, dass es sich um eine – gut gelungene – Fälschung handelt. K möchte vom Kaufvertrag nichts mehr wissen und ficht ihn V gegenüber an. V meint, K komme zu spät. Greift die Anfechtung durch?

An sich liegen die Voraussetzungen für die Anfechtung wegen eines Eigenschaftsirrtums vor. Bei der Echtheit handelt es sich um eine verkehrswesentliche Eigenschaft. Auch die Anfechtungsfrist (§ 121 BGB) hat gerade erst zu laufen begonnen. Gewährleistungsrechte wegen eines Sachmangels – hier liegt jedenfalls ein Mangel gemäß § 434 Abs. 3 Satz 1 Nr. 2a) BGB vor – könnte K aber nicht mehr erfolgreich geltend machen. Insoweit ist Verjährung eingetreten. Die mit der Übergabe beginnende zweijährige Verjährungsfrist ist nämlich abgelaufen, § 438 Abs. 1 Nr. 3, Abs. 2 BGB. Durch eine Zulassung der Anfechtung würden die besonderen Vorschriften über die Sachmängelgewährleistung umgangen werden.

Ähnliche Konkurrenzprobleme bestehen auch darüber hinaus: Oben war davon die Rede, dass die mindestens fahrlässig falsche Erklärung eines Autoverkäufers, das zum Verkauf stehende Fahrzeug sei „laut Vorbesitzer unfallfrei“, einen Schadensersatzanspruch gemäß §§ 280 Abs. 1, 311 Abs. 2, 241 Abs. 2 BGB auslösen kann (Verschulden bei Vertragsverhandlungen), zugleich aber, wenn mehr als ein Bagatellschaden (Lackkratzer) existiert, auch ein Mangel gemäß § 434 Abs. 3 Satz 1 Nr. 2 BGB vorliegt. Bestehen in einem solchen Fall Schadensersatzansprüche des Käufers aus Verschulden bei Vertragsverhandlungen *und* Mängelgewährleistungsrecht? Dagegen ließe sich insbesondere einwenden, dass bei Gewährung eines Anspruchs aus Verschulden bei Vertragsverhandlungen der kaufrechtliche Vorrang der Nacherfüllung umgangen werden kann. Ein Anspruch aus Verschulden bei Vertragsverhandlungen kann aber jedenfalls dann geltend gemacht werden, wenn der Verkäufer vorsätzlich falsche Angaben gemacht hat; er ist nicht schutzwürdig.[65]

65 Vgl. Christoph Eggert, in: Nomos Kommentar BGB, 4. Aufl. 2021, Anhang IV zu §§ 433–480 Rn. 225.

e) Gesetzliche Gewährleistung und Garantie

Gesetzliche Gewährleistung und Garantie sind voneinander zu unterscheiden.

aa) Beschaffenheitsgarantie

Bei der Beschaffenheitsgarantie (§ 443 Abs. 1) übernimmt der Verkäufer eine Garantie dafür, dass die Sache im Zeitpunkt des Gefahrübergangs bestimmte Merkmale aufweist. Eine solche Garantie gewährt dem Käufer zusätzliche Rechte, die über die Mängelrechte des § 437 BGB hinausgehen (§ 443 Abs. 1 BGB: „zusätzlich zu der gesetzlichen Mängelhaftung"). Als Inhalte einer solchen Garantie nennt § 443 Abs. 1 BGB exemplarisch die Erstattung des Kaufpreises (z. B. ohne eine an sich notwendige Nachfristsetzung gemäß § 323 Abs. 1 BGB), den Austausch oder die Nachbesserung der Sache (z. B. unabhängig von der Grenze des § 439 Abs. 4 BGB) sowie die Erbringung von mit der Beschaffenheit der Sache im Zusammenhang stehenden Dienstleistungen (z. B. Aus- und Einbau bestimmter Bauteile).[66]

Inhalt einer Beschaffenheitsgarantie kann auch die Übernahme einer verschuldensunabhängigen Einstandspflicht für mangelbedingte Schäden sein (§ 276 Abs. 1 Satz 1 BGB: „Übernahme einer Garantie").

bb) Haltbarkeitsgarantie

Eine Haltbarkeitsgarantie ist gemäß § 443 Abs. 2 BGB eine Garantie dafür, dass die Sache für eine bestimmte Dauer eine bestimmte Beschaffenheit behält. Eine Haltbarkeitsgarantie bezieht sich auf Fälle, in denen die Sache bei Gefahrübergang mangelfrei ist, aber innerhalb der Garantiefrist ein von den Anforderungen gemäß § 434 BGB abweichender Zustand entsteht. Es handelt sich also um Konstellationen, in denen es keine gesetzliche Gewährleistung gibt.

cc) Garantie jenseits der Mangelfreiheit

Wie sich aus § 443 Abs. 1 BGB ergibt, kann sich eine Garantie auch auf andere Anforderungen beziehen als die Mangelfreiheit. Es liegt dann ein selbstständiger Garantievertrag vor. Dazu gehört beispielsweise die Zusage des Verkäufers, dass die Sache bei bloßem Nichtgefallen zurückgegeben werden kann.

dd) Garantie durch Dritte

Nicht nur der Verkäufer kann eine Garantie übernehmen, sondern auch Dritte, etwa der Hersteller (§ 443 Abs. 1 BGB). Es liegt dann ein ge-

66 Vgl. Felix Maultzsch, in: Münchener Kommentar zum BGB, 9. Aufl. 2024, § 443 Rn. 6.

sonderter Vertrag zwischen dem Käufer und dem Dritten vor, der neben den Kaufvertrag tritt.

5. Verbraucherkaufverträge über „Digitales“

Für Verbraucherkaufverträge über den Kauf digitaler Inhalte gibt es besondere Vorschriften, § 453 Abs. 1 Satz 2 BGB in Verbindung mit §§ 327 ff. BGB. Beispielsweise sieht § 327 f BGB eine Pflicht des Unternehmers vor, Aktualisierungen sicherzustellen. Auch das Gewährleistungsrecht ist modifiziert.

6. Verbraucherschützender Widerruf

Der verbraucherschützende Widerruf bezieht sich nicht (!) nur auf Kaufverträge, hat hier in der Praxis aber eine besondere Bedeutung. Hervorzuheben ist Folgendes:

a) Außerhalb von Geschäftsräumen geschlossene Verträge, § 312b BGB
Hintergrund der Regelung ist der Umstand, dass der Verbraucher bei Vertragsabschlüssen außerhalb von Geschäftsräumen (§ 312b BGB) überrumpelt werden kann. Das betrifft z. B. „Kaffeefahrten“ oder sog. Haustürgeschäfte. Das Widerrufsrecht ergibt sich aus §§ 312 g, 355 BGB.

b) Fernabsatzverträge, § 312c BGB
Fernabsatzverträge sind, so definiert es § 312c Abs. 1 BGB, Verträge, bei denen der Unternehmer oder eine in seinem Namen oder Auftrag handelnde Person einerseits und der Verbraucher andererseits für die Vertragsverhandlungen und den Vertragsschluss ausschließlich Fernkommunikationsmittel verwenden (z. B. Telefon, E-Mails, SMS, aber auch Briefe, siehe § 312c Abs. 2 BGB), es sei denn, dass der Vertragsschluss nicht im Rahmen eines für den Fernabsatz organisierten Vertriebs- oder Dienstleistungssystems erfolgt. In diesen Fällen hat der Verbraucher z. B. – anders als im stationären Handel – keine Möglichkeit, die Ware anzuschauen und ggf. zu prüfen. Dem trägt das Gesetz Rechnung, indem es dem Verbraucher ein Widerrufsrecht einräumt. Es ergibt sich auch hier aus §§ 312 g, 355 BGB.

c) Widerruf, § 355 BGB
Der Widerruf ist formfrei möglich. Er bedarf keiner Begründung, § 355 Abs. 1 Satz 4 BGB. Die Widerrufsfrist beträgt 14 Tage, § 355 Abs. 2 Satz 1 BGB. Sie beginnt grundsätzlich mit Vertragsschluss, aber je nach Vertrag kann anderes gelten, § 355 Abs. 2 Satz 2 BGB; bei den hier angesprochenen Außergeschäftsraum- und Fernabsatzverträgen beginnt die Frist, sofern es sich um Verbrauchsgüterkaufverträge (§ 474 Abs. 1 BGB) handelt, erst mit

dem Erhalt der Ware, § 356 Abs. 2 Nr. 1a) BGB. Der Beginn der Frist setzt zudem eine ordnungsgemäße Widerrufsbelehrung voraus, § 356 Abs. 3 Satz 1 BGB. Wie diese gestaltet sein muss, ergibt sich nicht aus dem BGB, sondern dem EGBGB. Das ist eine sehr umständliche Regelungstechnik. In der Anlage 1 zu Art. 246a § 1 Abs. 2 Satz 2 EGBGB findet sich eine Musterwiderrufsbelehrung. Wer sie verwendet, ist „auf der sicheren Seite".
Fehlt eine (ordnungsgemäße) Belehrung, erlischt das Widerrufsrecht bei Außergeschäftsraum- und Fernabsatzverträgen grundsätzlich spätestens nach Ablauf von zwölf Monaten und 14 Tagen, § 356 Abs. 3 Satz 2 BGB.
Zur Wahrung der Widerrufsfrist genügt schon die rechtzeitige Absendung des Widerrufs, § 355 Abs. 1 Satz 5 BGB. Er muss dem Unternehmer nicht innerhalb der Frist zugehen!

d) Rechtsfolgen
Nach einem wirksamen Widerruf ist der Verbraucher nicht mehr an seine Willenserklärung gebunden, § 355 Abs. 1 Satz 1 BGB. Die empfangenen Leistungen sind zurückzugewähren, §§ 355 Abs. 3 Satz 1, 357 ff. BGB.

Weiterführende Literatur:

Hans Brox/Wolf-Dietrich Walker, Allgemeiner Teil des BGB, 48. Aufl. 2024, § 9 Rn. 2 ff.
dies., Besonderes Schuldrecht, 48. Aufl. 2024, §§ 1–7.

II. Dienstvertrag und Werkvertrag

1. Dienstvertrag, §§ 611 ff. BGB

Gegenstand des Dienstvertrags ist die Leistung von Diensten gegen Entgelt. Der Dienstverpflichtete schuldet nur das vertragsgemäße Bemühen (§ 611 Abs. 1 BGB: die „Leistung der versprochenen Dienste"), keinen Erfolg. Ein Beispiel für einen Dienstvertrag ist der ärztliche Behandlungsvertrag, für den es zusätzliche Regelungen in §§ 630a ff. BGB gibt. Der Arzt muss, weil er keinen Erfolg schuldet, den Patienten nicht gesund machen. Er muss ihn lediglich nach den zum Zeitpunkt der Behandlung bestehenden, allgemein anerkannten fachlichen Standards behandeln (§ 630a BGB).

Dienstvertrag ist auch der Arbeitsvertrag, § 611a BGB; hier gibt es zahlreiche Sondervorschriften außerhalb des BGB.

Im Dienstvertragsrecht finden sich – anders als beispielsweise im Kaufrecht – keine besonderen Vorschriften über die Gewährleistung bei Mängeln. Geht es also etwa um Schadensersatz wegen einer mangelhaften Dienstleistung, muss unmittelbar auf die §§ 280 ff. BGB zurückgegriffen werden.

2. Werkvertrag, §§ 631 ff. BGB

Der Werkunternehmer schuldet im Gegensatz zum Dienstverpflichteten einen Erfolg (ein „Werk“), siehe § 631 BGB. Beispiele:

- Bauvertrag, für den es zusätzliche Regelungen in §§ 650a ff. BGB gibt
- Personenbeförderung
- Herstellung von Zahnersatz durch ein Dentallabor
- Anfertigung eines Gutachtens

Das Gewährleistungsrecht findet sich in §§ 633 ff. BGB. Es ähnelt dem des Kaufrechts. Zusätzlich ist die Selbstvornahme geregelt, §§ 634 Nr. 2, 637 BGB.

Weiterführende Literatur:

Hans Brox/Wolf-Dietrich Walker, Besonderes Schuldrecht, 48. Aufl. 2024, §§ 19 ff. (Dienstvertrag) und §§ 23 ff. (Werkvertrag)

Jens Gerlach/Simon Manzke, Kaufrecht und Werkvertragsrecht – ein systematischer Vergleich, JuS 2019, 327 ff.

III. Mietvertrag

1. Systematik

Das BGB enthält neben allgemeinen Vorschriften über das Mietrecht weitere Vorschriften, deren Anwendbarkeit von der Art der überlassenen Mietsache abhängt:[67]

- allgemeine Vorschriften, §§ 535–548 BGB
- Mietverhältnisse über Wohnraum, §§ 549–577a BGB
- Mietverhältnisse über andere Sachen (z. B. Grundstücke, Geschäftsräume), §§ 578–580a BGB

Auch hier wiederholt sich „im Kleinen“ die Regelungstechnik, wonach das Allgemeine dem Besonderen vorangestellt ist.

2. Grundzüge des Mietrechts

a) Dauerschuldverhältnis

Der Mietvertrag verpflichtet den Vermieter, dem Mieter den Gebrauch der Mietsache während der Mietzeit zu gewähren; der Vermieter muss die Sache zudem in einem zum vertragsgemäßen Gebrauch geeigneten Zustand über-

67 An dieser Stelle sei an das Beispiel unter § 10 I.2. erinnert.

lassen und sie während der Mietzeit auch in diesem Zustand erhalten, § 535 Satz 1 und Satz 2 BGB. Der Mieter ist zur Zahlung der vereinbarten Miete verpflichtet, § 535 Abs. 2 BGB. Der Mietvertrag ist, da es nicht um einen einmaligen Leistungsaustausch geht, ein sog. Dauerschuldverhältnis.

b) Gewährleistungsrecht
Die Vorschriften über die Mängelgewährleistung finden sich in §§ 536 ff. BGB:
- Minderung, § 536 BGB
Die Minderung tritt, sofern die Mietsache einen Mangel hat, kraft Gesetzes ein. Hier liegt ein Unterschied etwa zum Kaufrecht. Die Minderung setzt kein Verschulden voraus. Die Höhe hängt vom Maß der Gebrauchsbeeinträchtigung ab. Ist die Gebrauchstauglichkeit vollständig aufgehoben, ist der Mieter von der Pflicht zur Zahlung der Miete insgesamt befreit.
- Schadensersatz, § 536a Abs. 1 BGB
Hervorzuheben ist, dass der Mieter bei einem bereits *bei Vertragsschluss* vorhandenen Mangel im Sinne des § 536 BGB unabhängig von einem Verschulden des Vermieters – das Bestehen eines erstattungsfähigen Schadens vorausgesetzt – Schadensersatz verlangen kann, § 536a Abs. 1 Alt. 1 BGB (Garantiehaftung). Entsteht ein Mangel später, besteht ein Schadensersatzanspruch nur bei Verschulden oder Verzug (§ 286 BGB) des Vermieters, § 536a Abs. 1 Alt. 2 bzw. 3 BGB.
- Aufwendungsersatz bei Ersatzvornahme, § 536a Abs. 2 BGB
Gemäß § 536a Abs. 2 BGB kann der Mieter einen Mangel selbst beseitigen und Ersatz der erforderlichen Aufwendungen verlangen, wenn sich der Vermieter mit der Beseitigung des Mangels in Verzug (§ 286 BGB) befindet oder, wenn dies nicht der Fall ist, die umgehende Beseitigung des Mangels zur Erhaltung oder Wiederherstellung der Mietsache notwendig ist, z. B. bei einem Rohrbruch.
- Zu beachten sind zudem die sich aus §§ 536b–d BGB ergebenden Einschränkungen bzw. Ausschlüsse.

3. Beendigung des Mietverhältnisses

Das Mietverhältnis endet durch Zeitablauf oder Kündigung nach den gesetzlichen Vorschriften, § 542 BGB.

Bei der Kündigung von Mietverhältnissen über Wohnraum sind insbesondere zu unterscheiden die

- ordentliche Kündigung, §§ 573 ff. BGB (die Einschränkungen für den Vermieter sind Ausdruck des „sozialen Mietrechts"), und die
- außerordentliche fristlose Kündigung aus wichtigem Grund, § 543 BGB, der ergänzt wird durch § 569 BGB.

Die Kündigung wirkt, anders als der Rücktritt, nur für die Zukunft. Eine Rückabwicklung für die Vergangenheit findet nicht statt.

4. § 566 BGB, „Kauf bricht nicht Miete"

Wird vermieteter Wohnraum nach der Überlassung an den Mieter vom Vermieter an einen Dritten veräußert, so tritt der Erwerber anstelle des Vermieters in die sich während der Dauer seines Eigentums aus dem Mietverhältnis ergebenden Rechte und Pflichten ein, § 566 Abs. 1 BGB. Die Vorschrift ist eine der wesentlichen Mieterschutzvorschriften des BGB. Grundsätzlich gelten Rechte und Pflichten aus einem Schuldverhältnis nämlich nur zwischen den an diesem Schuldverhältnis beteiligten Personen (Relativität der Schuldverhältnisse).[68] Ohne die Regelung des § 566 Abs. 1 BGB könnte sich der Mieter nach einer Veräußerung der Mietsache gegenüber dem neuen Eigentümer daher nicht auf die Rechte aus dem Mietvertrag berufen.

Anders als es das gebräuchliche und auch in der amtlichen (!) Überschrift verwendete Schlagwort „Kauf bricht nicht Miete" suggeriert, kommt es auf die Veräußerung der Mietsache, also die Eigentumsübertragung, an, nicht auf den Kauf (also das Verpflichtungsgeschäft).

Weiterführende Literatur:

Hans Brox/Wolf-Dietrich Walker, Besonderes Schuldrecht, 48. Aufl. 2024, §§ 10–13.

IV. Darlehensvertrag (Gelddarlehen, §§ 488 ff. BGB)

Durch einen Darlehensvertrag wird der Darlehensgeber verpflichtet, dem Darlehensnehmer einen Geldbetrag in der vereinbarten Höhe zur Verfügung zu stellen, § 488 Abs. 1 Satz 1 BGB. Kennzeichnend für das Gelddarlehen ist also die Überlassung von Kapital auf Zeit. Eine Verzinsung entspricht der Üblichkeit, von der auch das Gesetz ausgeht, sie ist aber keine Voraussetzung.

In §§ 491 ff. BGB gibt es ergänzende Vorschriften für den Verbraucherdarlehensvertrag. Es handelt sich um detaillierte und komplizierte Regelungen – dort

68 Vgl. oben § 2 II.

finden sich u. a. zahlreiche Informationspflichten, die aufgrund ihres Umfangs wohl eher das Gegenteil dessen bewirken, was sie eigentlich bezwecken.

Weiterführende Literatur:
Hans Brox/Wolf-Dietrich Walker, Besonderes Schuldrecht, 48. Aufl. 2024, § 17.

V. Aus dem Bereich der Sicherungsrechte: Bürgschaft

Ob ein Schuldner in der Lage sein wird, seine Verbindlichkeiten zu erfüllen, ist ungewiss. Deshalb besteht, zumal wenn es um größere Verbindlichkeiten geht, für den Gläubiger das Bedürfnis, sich abzusichern.

1. Personalsicherheiten und Realsicherheiten

Es gibt Personalsicherheiten und Realsicherheiten. Eine Personalsicherheit ist z. B. die Bürgschaft. Hier steht eine weitere Person für die Verbindlichkeiten des Schuldners ein. Realsicherheiten (Sachsicherheiten) sind z. B. die Hypothek (§§ 1113 ff. BGB) und die Grundschuld (§§ 1191 ff. BGB). Als Sicherheit dient hier eine Sache – in den genannten Beispielsfällen ein Grundstück –, die der Gläubiger zur Befriedigung seiner Forderung nutzen kann.

2. Bürgschaft, §§ 765 ff. BGB

Durch den Bürgschaftsvertrag verpflichtet sich der Bürge gegenüber dem Gläubiger eines Dritten (Hauptschuldner), für die Erfüllung der Verbindlichkeit des Dritten einzustehen – etwa für die Verpflichtung, ein Darlehen zurückzuzahlen, § 765 Abs. 1 BGB.

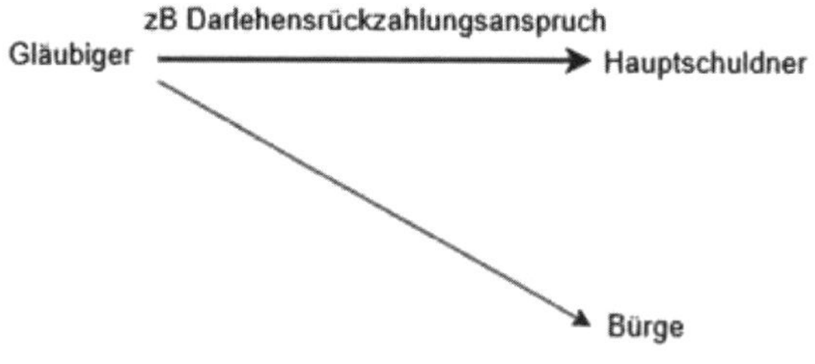

Abbildung 3: Bürgschaft

Wichtig ist insbesondere Folgendes:

a) „Erteilung" der Bürgschaftserklärung in schriftlicher Form
Die Bürgschaftserklärung ist schriftlich (§ 126 BGB) zu erteilen, § 766 Satz 1 BGB. Aus dem Wort „erteilen" folgert die Rechtsprechung, dass der Bürge

dem Gläubiger die schriftliche Bürgschaftserklärung zumindest vorübergehend zur Verfügung stellen muss. Mit anderen Worten: Erforderlich ist die Verschaffung des Besitzes an der Bürgschaftsurkunde auf Veranlassung des Bürgen. Ein Formmangel kann allerdings – wie auch in anderen Fällen – geheilt werden, nämlich durch Erfüllung der Hauptverbindlichkeit, § 766 Satz 3 BGB.

b) Einrede der Vorausklage
Dem Bürgen steht grundsätzlich die Einrede der Vorausklage zu. Er kann also die Befriedigung des Gläubigers verweigern, solange dieser nicht erfolglos eine Zwangsvollstreckung gegen den Hauptschuldner versucht hat, § 771 Satz 1 BGB. Der Bürge kann allerdings auf die Einrede der Vorausklage verzichten, § 773 Abs. 1 Nr. 1 BGB. Das ist in der Praxis der Regelfall.

c) Akzessorietät der Bürgschaft
Die Bürgschaft ist akzessorisch. Das bedeutet insbesondere, dass sie in Entstehung, Fortbestand und Durchsetzbarkeit von der Hauptschuld abhängt. Beispiel: Für die Verpflichtung des Bürgen ist der jeweilige Bestand der Hauptverbindlichkeit maßgebend, § 767 Abs. 1 Satz 1 BGB. Der Bürge muss nicht mehr zahlen als der Hauptschuldner. Zudem stehen dem Bürgen die Einreden des Hauptschuldners zu, § 768 Abs. 1 Satz 1 BGB, z. B. die Einrede der Verjährung.

d) Gesetzlicher Forderungsübergang, § 774 BGB
Soweit der Bürge den Gläubiger befriedigt, geht die Forderung des Gläubigers gegen den Hauptschuldner auf ihn – den Bürgen – über, § 774 Abs. 1 Satz 1 BGB. Es handelt sich um einen gesetzlichen Forderungsübergang. Der Bürge kann sich auf diese Weise, soweit das – rein tatsächlich – noch möglich ist, beim Hauptschuldner schadlos halten. Daneben können andere Rückgriffsansprüche des Bürgen gegen den Hauptschuldner bestehen, z. B. aus einem Auftragsverhältnis, §§ 662 ff. BGB.

Weiterführende Literatur:
Hans Brox/Wolf-Dietrich Walker, Besonderes Schuldrecht, 48. Aufl. 2024, § 32.

§ 28 Grundlagen der gesetzlichen Schuldverhältnisse Teil 1: Geschäftsführung ohne Auftrag

Bisher war von Schuldverhältnissen aus Verträgen die Rede. Jetzt soll es um Schuldverhältnisse gehen, die auf Gesetz beruhen, nämlich Geschäftsführung ohne Auftrag, unerlaubte Handlungen und das Bereicherungsrecht. Zunächst zur Geschäftsführung ohne Auftrag:

I. Grundsätzliches

Es gibt Fälle, in denen jemand ein „Geschäft für einen anderen besorgt, ohne von ihm beauftragt oder ihm gegenüber sonst dazu berechtigt zu sein". Das Gesetz spricht von einer „Geschäftsführung ohne Auftrag" (GoA). Die Regelungen hierzu finden sich in §§ 677 ff. BGB. Wie sich aus § 677 BGB ergibt, ist die für die §§ 677 ff. gewählte Überschrift „Geschäftsführung ohne Auftrag" zu eng, denn es geht nicht nur um Fälle, in denen zwischen den Beteiligten kein Auftragsverhältnis im Sinne der §§ 662 ff. BGB besteht, sondern um solche, in denen es überhaupt an einem Rechtsverhältnis zwischen ihnen fehlt. Die gesetzlichen Regelungen zielen u. a. darauf ab, den Interessen desjenigen, der fremdnützig im Rechtskreis eines anderen tätig wird, angemessen Rechnung zu tragen.

II. Arten der Geschäftsführung ohne Auftrag, insbesondere: Aufwendungsersatz bei echter berechtigter GoA

Gemäß § 683 Satz 1 BGB kann der Geschäftsführer wie ein Beauftragter (§ 670 BGB) Ersatz seiner Aufwendungen verlangen, wenn die Übernahme der Geschäftsführung dem Interesse und dem wirklichen oder dem mutmaßlichen Willen des Geschäftsherrn entspricht.

Was es damit auf sich hat, soll anhand des folgenden **Beispiels** erläutert werden: A ist beim Baden im Fluss zu weit hinausgeschwommen. Er droht zu ertrinken und ruft um Hilfe. Passant X bemerkt das, springt geistesgegenwärtig ins Wasser und zieht A ans Ufer. Da die Uhr des X aufgrund des Kontakts mit dem Wasser nicht mehr richtig funktioniert und daher repariert werden muss, verlangt er von A Erstattung der Reparaturkosten. Ergibt sich ein Anspruch aus §§ 677, 683 Satz 1 BGB in Verbindung mit § 670 BGB?

1. Geschäftsbesorgung

Der Anspruch setzt zunächst eine Geschäftsbesorgung im Sinne des § 677 BGB voraus. Darunter wird jedes tatsächliche oder rechtliche Handeln verstanden. Hier ist das unproblematisch.

2. Fremdgeschäftsführungswille

Gemäß § 677 BGB ist zudem ein Tätigwerden „für einen anderen" erforderlich. Man spricht vom Fremdgeschäftsführungswillen. Dessen Feststellung bereitet insbesondere dann keine Schwierigkeiten, wenn das Geschäft ausschließlich der

Rechtssphäre eines anderen zugeordnet ist (sog. objektiv fremdes Geschäft). Dazu gehören – und darum geht es auch im Beispielsfall – Handlungen, mit denen fremde Rechtsgüter vor Schaden bewahrt werden sollen. Handelt der Geschäftsführer mit Fremdgeschäftsführungswillen, spricht man von „echter" GoA. Anderenfalls liegt eine „unechte" GoA vor. Für diese Fälle „übergriffigen" Handelns gilt § 687 BGB.

3. Handeln ohne Auftrag etc.

Eine GoA liegt, wie eingangs gesagt, nicht vor, wenn der Geschäftsführer vom Geschäftsherrn bereits mit der Geschäftsbesorgung „beauftragt" war. Ist das der Fall, bestimmen sich die Rechtsbeziehungen zwischen den Beteiligten nämlich nach den insoweit geltenden Regelungen. Rechtsbeziehungen zwischen A und X bestehen im Beispielsfall aber nicht. Insbesondere ist der Hilferuf des A keine Willenserklärung, die auf den Abschluss eines – wie auch immer gearteten – Vertrages gerichtet ist.

4. Übereinstimmung mit dem Willen/dem Interesse des Geschäftsherrn

Schließlich kommt es darauf an, ob die Übernahme der Geschäftsführung dem Interesse und dem wirklichen oder dem mutmaßlichen Willen des Geschäftsherrn entspricht, § 683 Satz 1 BGB. Vorrangig kommt es, was dem Wortlaut nicht ohne Weiteres zu entnehmen ist, auf den ausdrücklich oder konkludent geäußerten wirklichen Willen des Geschäftsherrn an. Nur wenn es an einer solchen Äußerung fehlt, ist sein mutmaßlicher Wille maßgeblich. Dieser ist, soweit keine anderweitigen Anhaltspunkte vorliegen, mit seinem objektiven Interesse deckungsgleich. Liegt eine im vorstehenden Sinne interessengemäße Geschäftsführung vor, spricht man von einer „berechtigten" GoA. Im obigen Beispiel hat A seinen tatsächlichen Willen durch die Hilferufe mehr als deutlich zum Ausdruck gebracht.

5. Aufwendungsersatz

Da alle Voraussetzungen vorliegen, kann X wie ein Beauftragter, also gemäß § 670 BGB, Ersatz der Aufwendungen verlangen, die er für erforderlich halten durfte. Aufwendungen sind freiwillige Vermögensopfer. Freiwillig ist ein Vermögensopfer, wenn der Geschäftsführer weiß oder jedenfalls billigend in Kauf nimmt, dass ihm durch die Geschäftsführung ein Nachteil entstehen wird.[69] Freiwillige Vermögensopfer liegen z. B. dann unproblematisch vor, wenn jemand das auf-

---

69 Frank L. Schäfer, in: Münchener Kommentar zum BGB, 9. Aufl. 2023, § 670 Rn. 18.

grund eines Sturms abgedeckte Dach seines Nachbarn instand setzt. Unfreiwillige Vermögensopfer sind hingegen keine Aufwendungen, sondern Schäden. Diese sind aber analog § 670 BGB erstattungsfähig, wenn sich das typische Risiko der übernommenen Geschäftsbesorgung verwirklicht hat. Wusste X, dass die Uhr durch den Kontakt mit dem Wasser Schaden nehmen wird oder hatte er dies jedenfalls gebilligt, lägen gemäß § 670 BGB erstattungsfähige Aufwendungen vor. Aber auch anderenfalls könnte er Erstattung der Reparaturkosten verlangen, und zwar analog § 670 BGB.

Weiterführende Literatur:

Hans Brox/Wolf-Dietrich Walker, Besonderes Schuldrecht, 48. Aufl. 2024, §§ 35 ff.
Stephan Lorenz, Grundwissen – Zivilrecht: Geschäftsführung ohne Auftrag (GoA), JuS 2016, 12 ff.
Dieter Medicus/Stephan Lorenz, Schuldrecht II, 18. Aufl. 2018, §§ 59 f.
Dieter Medicus/Jens Petersen, Grundwissen zum Bürgerlichen Recht, 13. Aufl. 2024, § 16.

§ 29 Grundlagen der gesetzlichen Schuldverhältnisse Teil 2: Unerlaubte Handlungen

I. Grundsätzliches

1. Beim Recht der unerlaubten Handlungen (Deliktsrecht) geht es um den Ausgleich eines Schadens. Deliktsrechtliche Schadensersatzansprüche setzen – anders als vertragliche – das Bestehen eines Schuldverhältnisses nicht voraus, vielmehr begründen sie erst ein solches. Das schließt nicht aus, dass sich aus demselben Sachverhalt sowohl vertragliche als auch deliktische Schadensersatzansprüche ergeben können.
   Beispiel: M beschädigt das von ihm gemietete Auto. Hier kommen Ansprüche des Vermieters aus §§ 280 Abs. 1, 241 Abs. 2 BGB in Verbindung mit dem Mietvertrag als auch aus § 823 BGB in Betracht (sog. Anspruchskonkurrenz).
2. Das BGB kennt keine Generalklausel, die eine deliktische Haftung für jedes schädigende Verhalten vorsieht. Stattdessen enthält es einzelne Tatbestände, die bestimmte schädigende Handlungen erfassen.
3. Auch bei Schadensersatzansprüchen aus unerlaubter Handlung sind – wie bei den §§ 280 ff. BGB – der haftungsbegründende Tatbestand (Besteht überhaupt ein Schadensersatzanspruch?) und der haftungsausfüllende Tatbestand (Wie hoch ist der Schadensersatzanspruch?) zu prüfen.

II. Verschuldenshaftung/Gefährdungshaftung

Regelmäßig wird für schuldhaftes Verhalten gehaftet, z. B. § 823 Abs. 1 BGB:

> Wer vorsätzlich oder fahrlässig [also schuldhaft] das Leben, den Körper, die Gesundheit, die Freiheit, das Eigentum oder ein sonstiges Recht eines anderen widerrechtlich verletzt, ist dem anderen zum Ersatz des daraus entstehenden Schadens verpflichtet.

Allerdings gibt es Haftungstatbestände, die kein Verschulden voraussetzen (sog. Gefährdungshaftung). Ein Beispiel ist die Haftung des Kraftfahrzeughalters gemäß § 7 StVG. In § 7 Abs. 1 StVG heißt es:

> Wird bei dem Betrieb eines Kraftfahrzeugs ein Mensch getötet, der Körper oder die Gesundheit eines Menschen verletzt oder eine Sache beschädigt, so ist der Halter verpflichtet, dem Verletzten den daraus entstehenden Schaden zu ersetzen.

Hier geht es um Gefahren, deren Ursachen für gesellschaftlich nützlich erachtet werden. Im Fall der Kfz-Halterhaftung ist das die Mobilität. „Erkauft" wird das von demjenigen, der die Gefahr schafft, durch eine Gefährdungshaftung. Weitere Gefährdungshaftungstatbestände sind etwa:

- § 1 Haftpflichtgesetz (Bahnbetreiber)
  Bei der Haftung des Eisenbahnunternehmers nahm die Gefährdungshaftung ihren Anfang (in Preußen im Jahr 1838).
- §§ 33, 44 ff. Luftverkehrsgesetz
- § 833 BGB (Haftung des Tierhalters)

III. Einzelne Haftungstatbestände (haftungsbegründender Tatbestand)

1. § 823 Abs. 1 BGB

a) Rechtsgutsverletzung
Ein Anspruch gemäß § 823 Abs. 1 BGB setzt zunächst die Verletzung eines absoluten Rechts voraus (insbesondere: Leben, Körper, Gesundheit, Freiheit, Eigentum).

aa) Eigentumsverletzung
Häufig spielen Eigentumsverletzungen eine Rolle, etwa infolge von Verkehrsunfällen. Es gibt verschiedene Formen der Eigentumsverletzung:

- Substanzverletzung (A fährt gegen das Auto des B)
- Sachentziehung (A nimmt dem B das Portemonnaie weg)

- Eine Nutzungsbeeinträchtigung stellt hingegen nur unter bestimmten Voraussetzungen eine Eigentumsverletzung dar. Ein **Beispiel** (sog. Fleetfall): Die Ufermauer eines Kanals (Fleet) war aufgrund mangelhafter Instandhaltung eingestürzt, der Kanal daraufhin gesperrt worden. Ein Schiff des X war dadurch an der Verladestelle eingesperrt, andere Schiffe des X konnten nicht mehr dorthin gelangen. Eine Eigentumsverletzung liegt nach der Rechtsprechung des BGH nur hinsichtlich des eingesperrten Schiffs vor. Nur dieses hatte seine Funktion als Transportmittel vollkommen eingebüßt.

bb) Verletzung eines „sonstigen Rechts"

- „Sonstige Rechte" sind solche, die wie die anderen in § 823 Abs. 1 BGB genannten Rechtsgüter – Leben, Körper und Gesundheit, Freiheit und Eigentum – von jedermann zu beachten sind.
- Hierher gehört auch das sog. Allgemeine Persönlichkeitsrecht, hergeleitet aus Art. 1 Abs. 1 und Art. 2 Abs. 1 GG. Es hat, vereinfacht gesprochen, drei Schutzdimensionen: Selbstbewahrung (Abschirmung, Vertraulichkeit persönlicher Sachverhalte), Selbstdarstellung (z. B. Schutz vor unerbetener Darstellung durch andere) und Selbstbestimmung (z. B. über eigene Daten). Die Feststellung einer Verletzung des Allgemeinen Persönlichkeitsrechts setzt regelmäßig eine Abwägung mit anderen Grundrechten voraus. Häufig ist das Allgemeine Persönlichkeitsrecht abzuwägen gegen die Pressefreiheit (Art. 5 Abs. 1 Satz 2 GG). Beispiel: Dürfen in der Presse Fotos einer soeben aus dem Amt geschiedenen Ministerpräsidentin beim Einkaufsbummel gezeigt werden?

b) Verletzungshandlung (bzw. Unterlassen)
Zu einer Rechtsgutsverletzung kann es durch ein Tun (A versetzt B einen Faustschlag) oder ein Unterlassen kommen (A lässt B ertrinken). Ein Unterlassen ist nur dann rechtlich erheblich, wenn eine Pflicht zum Handeln besteht, denn es gibt keine allgemeine Pflicht, andere vor Schaden zu bewahren. Handlungspflichten können sich unter verschiedenen Gesichtspunkten ergeben, Beispiele:

- Eltern haben die elterliche Sorge (§ 1626 BGB). Damit geht die Pflicht einher, ihre Kinder vor Schaden zu bewahren. Droht Gefahr, dürfen sie grundsätzlich nicht untätig bleiben.

- Von hoher praktischer Relevanz sind zudem Verkehrssicherungspflichten. So muss etwa der Betreiber eines Supermarkts durch geeignete Maßnahmen sicherstellen, dass sich die Kunden im Markt gefahrlos bewegen können. Denn derjenige, der eine Gefahrenlage – etwa, wie im Beispielsfall, durch Verkehrseröffnung – schafft, ist grundsätzlich verpflichtet, die notwendigen und zumutbaren Vorkehrungen zu treffen, um eine Schädigung anderer möglichst zu verhindern.

c) Haftungsbegründende Kausalität
Die Verletzungshandlung bzw. das Unterlassen muss für die Rechtsgutsverletzung kausal geworden sein.
Kausalität im naturwissenschaftlichen Sinn liegt vor, wenn die Handlung nicht hinweggedacht (im Falle des Unterlassens: die gebotene Handlung nicht hinzugedacht) werden kann, ohne dass die Rechtsgutsverletzung entfällt.
Die rechtliche Betrachtung endet hier aber nicht. Das durch reine Kausalitätserwägungen gewonnene Ergebnis muss mitunter insbesondere unter Berücksichtigung des Schutzzwecks der einschlägigen Rechtsvorschrift eingeschränkt werden.
Beispiel: A hat die Vorfahrt des X verletzt. Anschließend kommt es zu einem Streit zwischen ihnen. Dabei regt sich X so sehr auf, dass er einen Schlaganfall erleidet. Hat X gegen A einen Schadensersatzanspruch aus § 823 Abs. 1 BGB?
Eine Rechtsgutsverletzung liegt vor; die Gesundheit von X hat Schaden genommen. Die Vorfahrtsverletzung durch A ist hierfür auch kausal geworden. Denn ohne die Vorfahrtsverletzung wäre der Streit nicht entbrannt, X hätte sich nicht aufgeregt und daher auch keinen Schlaganfall erlitten. Ein Schadensersatzanspruch besteht gleichwohl nicht. Die Pflicht zur Beachtung der Vorfahrt (§ 8 StVO) bezweckt nämlich nicht die Vermeidung von Rechtsgutsverletzungen, die durch psychische Belastungen verursacht werden.

d) Rechtswidrigkeit
Ist eine Rechtsgutsverletzung festgestellt, liegt grundsätzlich auch Rechtswidrigkeit vor (in den Worten des § 823 Abs. 1 BGB: „Widerrechtlichkeit“). Im Einzelfall kann es aber sein, dass die Rechtsgutsverletzung gerechtfertigt ist. Rechtfertigungsgründe sind etwa:

aa) Notwehr, § 227 BGB
Notwehr ist diejenige Verteidigung, die erforderlich ist, um einen gegenwärtigen rechtswidrigen Angriff von sich (Notwehr) oder einem anderen (Nothilfe) abzuwenden, § 227 Abs. 2 BGB. Die Ahndung eines bereits beendeten Angriffs obliegt dem Staat, der das Gewaltmonopol hat. „Erforderlich" im Sinne des § 227 Abs. 2 BGB ist diejenige Verteidigungshandlung, die zur sofortigen und endgültigen Abwehr des Angriffs geeignet ist und bei der es sich um das mildeste Mittel handelt, das dem Angegriffenen in der konkreten Situation zur Verfügung steht.
Eine durch Notwehr gebotene Handlung ist nicht widerrechtlich, § 227 Abs. 1 BGB. Im Einzelfall kann die Notwehr nicht „geboten" sein. Das ist etwa der Fall, wenn derjenige, der sich „verteidigt", die Notwehrlage gezielt herbeigeführt hat. Er missbraucht das Notwehrrecht.
Zu prüfen sind also das Vorliegen einer Notwehrlage (Lag ein gegenwärtiger rechtswidriger Angriff vor?) und die Notwehrhandlung (War die Verteidigung „erforderlich"? War sie „geboten"?).

bb) Defensiver Notstand, § 228 BGB
Wer eine fremde Sache beschädigt oder zerstört, um eine durch sie drohende Gefahr von sich oder einem anderen abzuwenden, handelt nicht widerrechtlich, wenn die Beschädigung oder die Zerstörung zur Abwendung der Gefahr erforderlich ist und der Schaden nicht außer Verhältnis zu der Gefahr steht, § 228 Satz 1 BGB. Anders als das bei der Notwehr grundsätzlich der Fall ist, ist hier eine Verhältnismäßigkeitsprüfung vorzunehmen.
Beispiel: A wird auf der Straße von dem Hund des B angegriffen. A ergreift daher den Regenschirm des Passanten C, der sich gerade in der Nähe befindet, und schlägt mit dem Schirm auf den Hund. Der Hund wird verletzt, der Schirm beschädigt. Die Verletzung des Hundes ist gemäß § 228 Satz 1 BGB gerechtfertigt. B kann daher von A keinen Schadensersatz wegen der Verletzung des Hundes gemäß § 823 Abs. 1 BGB (Sachbeschädigung, siehe § 90a Satz 3 BGB) verlangen.

cc) Aggressivnotstand, § 904 BGB
Beim defensiven Notstand gemäß § 228 BGB geht die Gefahr von der Sache aus, die beschädigt oder zerstört wird. Anders ist das beim Aggressivnotstand gemäß § 904 BGB. Hier geht die Gefahr nicht von der zerstörten bzw. beschädigten Sache aus. In § 904 Satz 1 BGB heißt es: Der Eigentümer einer Sache ist nicht berechtigt, die Einwirkung eines

anderen auf die Sache zu verbieten, wenn die Einwirkung zur Abwendung einer gegenwärtigen Gefahr notwendig und der drohende Schaden gegenüber dem aus der Einwirkung dem Eigentümer entstehenden Schaden unverhältnismäßig groß ist. Die Anforderungen an die Verhältnismäßigkeit sind strenger als im Rahmen des § 228 BGB.
Im obigen Beispielsfall hat C gegen A keinen Schadensersatzanspruch aus § 823 Abs. 1 BGB wegen der Beschädigung des Regenschirms. Insoweit lässt § 904 Satz 1 BGB die Widerrechtlichkeit entfallen. Ein Schadensersatzanspruch ergibt sich allerdings aus § 904 Satz 2 BGB.

dd) Einwilligung
Die Einwilligung des Rechtsgutsinhabers führt in der Regel dazu, dass die Rechtsgutsverletzung nicht rechtswidrig ist (*Volenti non fit iniuria* [lat.]. Dem Einwilligenden geschieht kein Unrecht.). Eine besondere Regelung für medizinische Maßnahmen findet sich in § 630d BGB. Die Wirksamkeit der Einwilligung setzt hier eine Risikoaufklärung voraus, § 630d BGB in Verbindung mit § 630e Abs. 1–4 BGB. Diese Aufklärung muss mündlich (!) erfolgen, § 630e Abs. 2 Satz 1 Nr. 1 BGB. Fehlt es an einer (ausreichenden) Aufklärung, haftet der Behandler grundsätzlich für alle Schadensfolgen.

e) Verschulden
Der Schädiger muss vorsätzlich oder fahrlässig (§ 276 Abs. 2 BGB) gehandelt haben. Ein Ausschluss oder eine Minderung der Verantwortlichkeit kann sich nach Maßgabe der §§ 827 f. BGB ergeben.

2. § 823 Abs. 2 BGB, Verstoß gegen ein Schutzgesetz

§ 823 Abs. 2 BGB sieht eine Schadensersatzverpflichtung desjenigen vor, der gegen ein Gesetz verstößt, das den Schutz eines anderen bezweckt (Schutzgesetz), das sind z. B. Vorschriften des StGB oder der StVO. Stets ist Verschulden erforderlich, § 823 Abs. 2 Satz 2 BGB.

3. § 826 BGB, vorsätzliche sittenwidrige Schädigung

Gemäß § 826 BGB ist auch derjenige, der einem anderen in einer gegen die guten Sitten verstoßenden Weise vorsätzlich Schaden zufügt, diesem zum Schadensersatz verpflichtet. Von den „guten Sitten" war schon im Zusammenhang mit § 138 Abs. 1 BGB die Rede. Prominentes Anwendungsbeispiel für § 826 BGB sind die sog. Abgasfälle („Dieselskandal"). Dort war eine „Schummelsoftware" in Dieselfahrzeugen zum Einsatz gekommen, die bei einer Messung des Kraftstoffverbrauchs und der Emissionswerte auf einem Prüfstand die Abgasrückführung gegenüber dem normalen Fahrbetrieb senkte. Damit ging nicht nur eine erhöhte Belastung der Umwelt einher, sondern auch die Gefahr, dass bei einer Aufdeckung dieses Sachverhalts eine Betriebsbeschränkung oder -untersagung hinsichtlich der betroffenen Fahrzeuge erfolgen könnte. Das hält der BGH – zu Recht – für unvereinbar mit den grundlegenden Wertungen der Rechts- und Sittenordnung.[70]

4. § 831 BGB, Haftung beim Einsatz von Verrichtungsgehilfen

Wer einen anderen zu einer Verrichtung bestellt, ist gemäß § 831 Abs. 1 Satz 1 BGB zum Ersatz des Schadens verpflichtet, den der andere (der sog. Verrichtungsgehilfe) in Ausführung der Verrichtung einem Dritten widerrechtlich zufügt.

Verrichtungsgehilfe ist, wer mit Wissen und Wollen des Geschäftsherrn in dessen Interesse tätig wird und – hier liegt ein Unterschied gegenüber dem Erfüllungsgehilfen im Sinne des § 278 BGB – von dessen Weisungen abhängig ist.

Das sind insbesondere Arbeiter bzw. Angestellte.

Auf ein Verschulden des Verrichtungsgehilfen kommt es grundsätzlich nicht an.

Voraussetzung ist ein Handeln des Verrichtungsgehilfen „in Ausführung“, nicht nur „bei Gelegenheit“ der Verrichtung. Der Inhaber eines Malerbetriebs macht sich daher ggf. gemäß § 831 Abs. 1 Satz 1 BGB schadensersatzpflichtig, wenn sein Angestellter bei Malerarbeiten Möbel beschädigt, nicht hingegen, wenn er dort einen Diebstahl begeht.

Der Geschäftsherr haftet (nur) dann nicht, wenn es ihm gelingt, sich gemäß § 831 Abs. 1 Satz 2 BGB zu entlasten. Erforderlich ist, dass er bei der Auswahl und Überwachung des Verrichtungsgehilfen die im Verkehr erforderliche Sorgfalt beachtet hat.

5. Haftung des Kfz-Halters und des Kfz-Führers nach dem StVG

a) § 7 StVG, Haftung des Kfz-Halters

Gemäß § 7 Abs. 1 StVG ist, wie bereits gesagt, der Halter eines Kraftfahrzeugs dem Verletzten zum Schadensersatz verpflichtet, wenn bei dem Betrieb eines Kraftfahrzeugs ein Mensch getötet, der Körper oder die Gesundheit eines Menschen verletzt oder eine Sache beschädigt wird.

70 Zu § 826 BGB siehe auch oben § 20 III. 2.

Halter ist derjenige, der das Kfz für eigene Rechnung in Gebrauch hat, d. h. aus eigenem Interesse für die Betriebskosten des Kraftfahrzeugs aufkommt, und die Verfügungsgewalt – die darin besteht, Anlass, Zeit und Zeitpunkt der Fahrt selbst zu bestimmen – besitzt, die ein solcher Gebrauch voraussetzt. Halter und Eigentümer können also unterschiedliche Personen sein.
„In Betrieb" befindet sich das Kraftfahrzeug, solange es sich bewegt oder in verkehrsbeeinflussender Weise ruht (sog. verkehrstechnische Auffassung). Es kommt nicht darauf an, ob der Motor läuft. Ein Kfz, das parkt, ist hiernach also in Betrieb.
Die Rechtsgutsverletzung muss „bei dem Betrieb" eingetreten sein. Zu fragen ist, ob eine spezifische Auswirkung gerade derjenigen Gefahren vorliegt, die sich aus der Fortbewegungs- und der damit verbundenen Transportfunktion des Kfz ergeben. Unproblematisch ist das – wie meist in der gerichtlichen Praxis – etwa in dem Fall, in dem ein Fahrzeug auf ein anderes auffährt. Anders im folgenden **Fall**:
B lieferte dem K Heizöl. Das Tankfahrzeug stand vor dem Grundstück des K. Sodann wurde der im Keller untergebrachte Öltank mithilfe der Motorkraft des Tankwagens befüllt. Dabei trat Öl durch das Entlüftungsrohr des Kellertanks aus und durchtränkte Teile des Mauerwerks sowie des umliegenden Erdreichs.
Hier ist der Schaden nicht beim Entladen des Tankfahrzeugs, sondern sozusagen beim Beladen des Öltanks im Hause des K entstanden. Das aus dem Tankwagen herausgepumpte Öl gefährdet hier niemanden, der vor den Gefahren eines sich im Verkehr befindlichen Fahrzeugs, und sei es beim Entladen, geschützt werden müsste. Der Schaden hat sich außerhalb des Verkehrsraums ereignet, wobei sich nur die Funktion der Betriebseinrichtung des Tankwagens als Arbeitsmaschine (nicht als Fortbewegungs- bzw. Transportmittel) ausgewirkt hat.[71]
Auf ein pflichtwidriges Verhalten und Verschulden kommt es bei der Halterhaftung nicht an. Das ist, wie gesagt, der „Witz" der Gefährdungshaftung. Die Halterhaftung ist ausgeschlossen, wenn der Unfall durch höhere Gewalt verursacht worden ist, § 7 Abs. 2 StVG. Das setzt ein betriebsfremdes und unvorhersehbares Ereignis voraus, das mit wirtschaftlich erträglichen Mitteln auch durch äußerste, nach der Sachlage vernünftigerweise zu erwartende Sorgfalt nicht verhütet oder unschädlich gemacht werden kann und auch nicht wegen seiner Häufigkeit in Kauf zu nehmen ist (unschönes Beispiel:

71 BGH v. 23.5.1978, VI ZR 150/76 = NJW 1978, 1582.

Selbsttötung durch Überfahrenlassen). Nach Maßgabe des § 17 Abs. 3 StVG ist die Haftung ferner bei einem unabwendbaren Ereignis ausgeschlossen. Ein solches liegt vor, wenn sowohl der Halter als auch der Fahrer des Kfz jede nach den Umständen des Falles gebotene Sorgfalt beobachtet haben, § 17 Abs. 3 Satz 2 StVG. Für den Fahrer heißt das, dass er sich wie ein „Idealfahrer“ verhalten haben muss. Wer etwa die auf Autobahnen geltende *Richt*geschwindigkeit von 130 km/h nicht einhält, tut das nicht.

b) § 18 StVG, Haftung des Kfz-Führers
Für den Fahrer besteht hingegen keine Gefährdungshaftung, sondern eine Haftung für vermutetes Verschulden, § 18 StVG. Er kann sich daher entlasten, indem er nachweist, nicht schuldhaft gehandelt zu haben, § 18 Abs. 1 Satz 2 StVG.

IV. Schaden (haftungsausfüllender Tatbestand)

In welcher Höhe Schadensersatz verlangt werden kann, ergibt sich aus §§ 249 ff. BGB.

1. Naturalrestitution

Derjenige, der zum Schadensersatz verpflichtet ist, muss den Zustand herstellen, der bestehen würde, wenn der zum Ersatz verpflichtende Umstand nicht eingetreten wäre, § 249 Abs. 1 BGB. Das ist der Grundsatz der Naturalrestitution. Die Vorschrift ist wörtlich zu verstehen; es ist kein Geldersatz geschuldet. Anderes gilt aber gemäß § 249 Abs. 2 Satz 1 BGB bei der Verletzung einer Person oder der Beschädigung einer Sache. Hier kann Geldersatz verlangt werden. In diesen Fällen soll es dem Geschädigten nicht zugemutet werden, sich bzw. die Sache dem Schädiger auszuliefern.

2. Vermögensschaden

Geht es um einen Vermögensschaden (einen materiellen Schaden), ist „Schaden“ definiert als die negative Differenz zweier Vermögenslagen. Die Vermögenslage, die durch das schädigende Ereignis geschaffen wurde, ist mit der Vermögenslage zu vergleichen, die bestehen würde, wenn das Schadensereignis nicht eingetreten wäre.

3. Sog. fiktive Abrechnung

Zu beachten ist, dass bei Sachschäden eine fiktive Abrechnung möglich ist: Um z. B. Reparaturkosten verlangen zu können, muss die Reparatur der beschädigten

Sache nicht durchgeführt worden sein, erstattungsfähig sind die voraussichtlichen Reparaturkosten. Umsatzsteuer kann allerdings nur verlangt werden, soweit sie tatsächlich angefallen ist, § 249 Abs. 2 Satz 2 BGB.

4. Wirtschaftlichkeitspostulat

Es gilt das sog. Wirtschaftlichkeitspostulat. Von mehreren möglichen Arten der Schadensbeseitigung muss der Geschädigte grundsätzlich die wirtschaftlichste wählen. Ein Beispiel: Bei der Beschädigung einer Sache fällt sowohl die Reparatur als auch die Ersatzbeschaffung unter § 249 BGB. In der Regel kann der Geschädigte aber nur die günstigere der beiden Varianten als Schadensersatz geltend machen.

5. Wertersatz

In bestimmten Fällen ist gemäß § 251 BGB nur Wertersatz geschuldet. Das ist etwa dann der Fall, wenn eine Naturalrestitution gemäß § 249 BGB unmöglich oder unverhältnismäßig ist. Beispiel: Bei der Beschädigung eines Fahrzeugs kann auch nach vollständiger Reparatur ein merkantiler Minderwert verbleiben; ein Unfallfahrzeug hat nämlich trotz fachgerechter Reparatur häufig einen geringeren Marktwert als ein vergleichbares unfallfreies Fahrzeug. Insoweit ist die Naturalrestitution unmöglich.

6. Erstattung entgangenen Gewinns

Gemäß § 252 BGB kann Erstattung entgangenen Gewinns verlangt werden.

7. Immaterielle Schäden/Schmerzensgeld

§ 253 BGB betrifft die Erstattungsfähigkeit immaterieller Schäden („Schmerzensgeld"). Danach kann die Erstattung immaterieller Schäden nur in den vom Gesetz bestimmten Fällen gefordert werden. Damit wird insbesondere auf § 253 Abs. 2 BGB Bezug genommen. Nach dieser Vorschrift kann u. a. bei Körperverletzungen ein Schmerzensgeld geltend gemacht werden. Das Schmerzensgeld soll dem Geschädigten einen angemessenen Ausgleich für die immateriellen Schäden bieten; zudem soll dem Gedanken Rechnung getragen werden, dass der Schädiger dem Geschädigten Genugtuung dafür schuldet, was er ihm angetan hat (sog. Doppelfunktion des Schmerzensgeldes).

Beim Schmerzensgeld orientiert sich die Praxis an Schmerzensgeldtabellen (kurze Wiedergabe gerichtlicher Entscheidungen mit Angabe der Verletzungen/Verletzungsfolgen und des zuerkannten Schmerzensgeldes).

8. Mitverschulden

Ein Mitverschulden des Geschädigten kann dazu führen, dass er sich eine Anspruchskürzung (in manchen Fällen auch einen vollständigen Wegfall seines Schadensersatzanspruchs) gefallen lassen muss, § 254 BGB. In Betracht kommt ein Mitverschulden bei der Entstehung des Schadens, § 254 Abs. 1 BGB (etwa: beim Verkehrsunfall), oder später, § 254 Abs. 2 Satz 1 BGB (z. B.: Der Geschädigte eines Verkehrsunfalls mietet ein Ersatzfahrzeug für einen für ihn erkennbar zu hohen Preis an).

9. Haftungsausfüllende Kausalität

Immer zu prüfen ist die haftungsausfüllende Kausalität: Dabei geht es um die Frage, ob ein ursächlicher Zusammenhang zwischen der Rechtsgutsverletzung und dem Schaden besteht. Auch hier ist, wie bei der haftungsbegründenden Kausalität, auf den Schutzzweck der Norm zu achten.

Weiterführende Literatur:

Oliver Brand, Schadensersatzrecht, 3. Aufl. 2021 (Inhalt von Schadensersatzansprüchen)

Hans Brox/Wolf-Dietrich Walker, Allgemeiner Teil des BGB, 48. Aufl. 2024, § 32 Rn. 13 ff. (Notwehr und Notstand)

Hans Brox/Wolf-Dietrich Walker, Besonderes Schuldrecht, 48. Aufl. 2024, §§ 44–52 und § 54

Stephan Lorenz, Grundwissen – Zivilrecht: Deliktsrecht – Haftung aus § 823 I BGB, JuS 2019, 852 ff.

ders., Grundwissen – Zivilrecht: Deliktsrecht – Haftung aus § 831 BGB, JuS 2020, 821 ff.

Dieter Medicus/Stephan Lorenz, Schuldrecht II, 18. Aufl. 2018, §§ 71–84

Dieter Medicus/Jens Petersen, Grundwissen zum Bürgerlichen Recht, 13. Aufl. 2024, § 11 Rn. 21 ff. (Inhalt von Schadensersatzansprüchen), §§ 23 f. und § 25 Rn. 4–9

Alexander Neumann, Die Haftung bei Verkehrsunfällen – eine Einführung, Juristische Arbeitsblätter (JA) 2016, 167 ff.

Astrid Stadler, Allgemeiner Teil des BGB, 21. Aufl. 2022, § 8 Rn. 3 ff. (Notwehr und Notstand)

Gerhard Wagner, Deliktsrecht, 14. Aufl. 2021.

§ 30 Grundlagen der gesetzlichen Schuldverhältnisse Teil 3: Bereicherungsrecht

„Iure naturae aequum est neminem cum alterius detrimento et iniuria fieri locupletiorem.“[72]

Übersetzung: „Es entspricht dem Naturrecht, dass niemand zum Schaden und Nachteil eines anderen bereichert wird.“

I. Grundsätzliches

Während beim Schadensersatz der Schuldner dem Gläubiger, also dem Geschädigten, das erstatten muss, was dem Gläubiger fehlt, geht es im Bereicherungsrecht darum, dass der Schuldner dem Gläubiger das leisten muss, was der Schuldner rechtsgrundlos (noch) zu viel hat. Im Grundsatz geht es um Vermögensabschöpfung.

II. Kondiktion

Die in §§ 812 ff. BGB geregelten Ansprüche werden üblicherweise – obwohl das Gesetz die Bezeichnung nicht verwendet – „Kondiktionen“ genannt. Der Begriff wird von Juristen gerne benutzt, wobei die wenigsten von ihnen wissen, woher er stammt. Er geht zurück auf die *legis actio per condictionem* (Spruchformelklage mit Fristansage, *condicere* = ansagen) des älteren römischen Rechts (wohl ca. 3. Jh. v. Chr.).[73]

III. Leistungskondiktionen und Nichtleistungskondiktionen

Es ist zwischen Leistungs- und Nichtleistungskondiktionen zu unterscheiden. Die Differenzierung lässt sich bereits dem Wortlaut des § 812 Abs. 1 Satz 1 BGB entnehmen: „Wer durch die Leistung eines anderen *oder* in sonstiger Weise [also: nicht durch Leistung] auf dessen Kosten etwas ohne rechtlichen Grund erlangt, ist ihm zur Herausgabe verpflichtet.“

1. Leistungskondiktionen

a) Grundfall: § 812 Abs. 1 Satz 1 Alt. 1 BGB
§ 812 Abs. 1 Satz 1 Alt. 1 BGB setzt voraus, dass der Schuldner

72 Pomponius, D. 50,17,206, Mitte 1. Jh. n. Chr.
73 Ulrich Manthe, Geschichte des römischen Rechts, 6. Aufl. 2019, S. 65 f. – Mangelnde Hintergrundkenntnisse unter Juristen hängen auch damit zusammen, dass das römische Recht in der Ausbildung – meines Erachtens zu Unrecht – keine große Rolle mehr spielt: „Wir sind vielleicht zu antik gewesen; nun wollen wir es moderner lesen.“ Goethe, Zahme Xenien II.

- etwas erlangt hat, und zwar
- durch Leistung des Gläubigers und
- ohne rechtlichen Grund (lat. *causa*).

Die Rechtsfolge ist, dass der Schuldner – im Grundsatz – das Erlangte herausgeben muss.
Zur Veranschaulichung ein **Beispielsfall**: V verkauft, übergibt und übereignet der 16-jährigen M ein Fahrrad für 100 €. M handelt ohne Einwilligung ihrer Eltern. Diese versagen auch die Genehmigung. V verlangt von M die Herausgabe des Fahrrads. In Betracht kommt ein Herausgabeanspruch gemäß § 812 Abs. 1 Satz 1 Alt. 1 BGB:

aa) Das Erlangte

Erlangtes „Etwas“ ist nach der Rechtsprechung des BGH jede Verbesserung der Vermögenslage bzw. jeder Vermögensvorteil. Im Beispielsfall hat M gemäß § 929 Satz 1 BGB das Eigentum am Fahrrad erlangt. Dieses Verfügungsgeschäft ist wirksam, da es für M lediglich rechtlich vorteilhaft im Sinne des § 107 BGB ist. Neben dem Eigentum hat M auch den Besitz am Fahrrad erlangt.

Zwar ist der Kaufvertrag nichtig, weil dieser für M – wegen der Verpflichtung zur Zahlung des Kaufpreises – nicht lediglich rechtlich vorteilhaft ist, § 107 BGB. Zudem haben die Eltern der M weder ihre Einwilligung erteilt (§ 107 BGB), noch den Kaufvertrag genehmigt (§ 108 BGB). Auf die Eigentumsübertragung gemäß § 929 Satz 1 BGB wirkt sich die Nichtigkeit des Kaufvertrags wegen des Abstraktionsprinzips[74] aber nicht aus.

bb) Leistung

Leistung ist die bewusste und zweckgerichtete Mehrung fremden Vermögens. Bei der Frage, ob und an wen geleistet wird, kommt es auf die Sicht des Leistungsempfängers an (ähnlich wie bei der Auslegung einer Willenserklärung). Der Zweck besteht regelmäßig in der Erfüllung einer (vermeintlichen) Verbindlichkeit, z. B. durch Zahlung des Kaufpreises. Im obigen Beispiel hat V der M Eigentum und Besitz am Fahrrad verschafft in der Annahme, eine Verpflichtung aus dem Kaufvertrag zu erfüllen. Er hat also eine Leistung an M erbracht.

74 Oben § 15 II.

cc) Fehlen des rechtlichen Grundes
Hier geht es um die Verfehlung des Leistungszwecks. Im Beispielsfall bestand ein Anspruch auf Übergabe und Übereignung des Fahrrads wegen der Nichtigkeit des Kaufvertrags nicht. Der Leistungszweck (Vertragserfüllung) wurde daher verfehlt.
Zusammenfassend lässt sich das wie folgt darstellen:

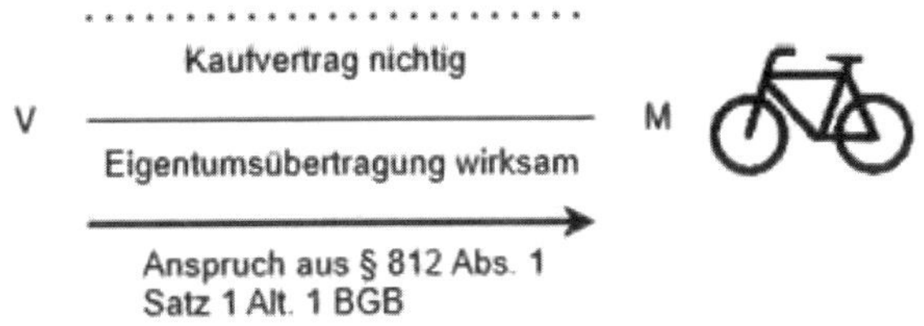

Abbildung 4: Kondiktion gemäß § 812 Abs. 1 Satz 1 Alt. 1 BGB

dd) Rechtsfolge
Der Schuldner muss gemäß § 812 Abs. 1 Satz 1 BGB das Erlangte herausgeben. Im Beispiel kann V Rückübertragung des Besitzes und des Eigentums am Fahrrad verlangen.
Gemäß § 818 Abs. 1 BGB erstreckt sich die Herausgabepflicht auf die gezogenen Nutzungen (§ 100 BGB, z. B. Zinsen) sowie auf dasjenige, was der Empfänger aufgrund eines erlangten Rechts oder als Ersatz für die Zerstörung, Beschädigung oder Entziehung des erlangten Gegenstands erwirbt (z. B. Versicherungsleistungen, Schadensersatz oder Ansprüche hierauf). Ist der Empfänger zur Herausgabe außerstande, so hat er gemäß § 818 Abs. 2 BGB Wertersatz zu leisten. Aber: Gemäß § 818 Abs. 3 BGB entfällt die Herausgabepflicht bzw. die Wertersatzpflicht, soweit der Empfänger nicht mehr bereichert ist. Ist etwa der erlangte Gegenstand ersatzlos untergegangen, wird nichts geschuldet („Entreicherung"). Der Schuldner soll durch die Rückabwicklung nicht besser und nicht schlechter stehen als ohne den ungerechtfertigten Erwerb. Insoweit sind bereicherungsrechtliche Ansprüche bloße Abschöpfungsansprüche. Der verklagte oder die Rechtsgrundlosigkeit kennende Empfänger haftet dagegen ab der Zustellung der Klage (Rechtshängigkeit) bzw. ab Kenntnis der Rechtsgrundlosigkeit verschärft, §§ 818 Abs. 4, 819 Abs. 1 BGB. Er muss nämlich damit rechnen, das Erlangte heraus-

geben oder Wertersatz leisten zu müssen, und kann entsprechende Vorkehrungen treffen.

Richtet sich der Anspruch gegen einen Minderjährigen, gilt hinsichtlich der für § 819 Abs. 1 BGB erforderlichen Kenntnis Folgendes: Bei der Leistungskondiktion kommt es auf die Kenntnis des gesetzlichen Vertreters an (§ 166 Abs. 1 BGB analog). Bei der Nichtleistungskondiktion besteht eine verschärfte Haftung, wenn der deliktsfähige Minderjährige (§ 828 BGB) die Rechtsgrundlosigkeit des Erwerbs kennt.

Der Schuldner, der verschärft haftet, kann sich regelmäßig nicht auf Entreicherung berufen.[75]

Auch die §§ 819 Abs. 2 und 820 BGB enthalten Fälle einer verschärften Haftung. In § 820 BGB geht es um Konstellationen, in denen beide Parteien einen künftigen Rückforderungsgrund vorausgesehen haben.

b) Weitere Fälle der Leistungskondiktion

aa) § 812 Abs. 1 Satz 2 Alt. 1 BGB

Hier besteht zunächst ein rechtlicher Grund, der aber später wegfällt. Hauptfall ist die auflösende Bedingung, § 158 Abs. 2 BGB. Wegen diverser Sonderregelungen hat dieser Fall der Leistungskondiktion geringe praktische Bedeutung.

bb) § 812 Abs. 1 Satz 2 Alt. 2 BGB

In dieser Fallgestaltung geht es darum, dass der mit der Leistung nach dem Inhalt des Rechtsgeschäfts bezweckte Erfolg nicht eintritt (sog. Zweckverfehlungskondiktion).

Beispiel: E ist Eigentümer eines Einfamilienhauses. Er möchte dort neue Fußböden verlegen lassen. Der Fußbodenleger F beginnt gemäß der mit E getroffenen Abrede bereits vor Abschluss des Vertrages mit den Arbeiten. Letztlich können sich E und F doch nicht über die Details des Vertrages einigen, sodass es nicht zum Vertragsschluss kommt. F hat für die bereits ausgeführten Arbeiten einen Anspruch gegen E gemäß § 812 Abs. 1 Satz 2 Alt. 2 BGB.

cc) § 813 Abs. 1 BGB

§ 813 Abs. 1 BGB betrifft die Rückforderung von Leistungen auf einredebehaftete Forderungen. Nicht zurückgefordert werden kann aber etwa das zur Befriedigung eines verjährten Anspruchs Geleistete, § 813 Abs. 1 Satz 2 BGB in Verbindung mit § 214 Abs. 2 Satz 1 BGB.

75 BGH v. 21.2.2022, VIa ZR 8/21 = NJW-RR 2022, 740 Rn. 95.

dd) § 817 Satz 1 BGB

War der Zweck einer Leistung so bestimmt, dass der Empfänger durch die Annahme gegen ein gesetzliches Verbot (§ 134 BGB) oder gegen die guten Sitten (§ 138 BGB) verstoßen hat, ist der Empfänger gemäß § 817 Satz 1 BGB zur Herausgabe verpflichtet.

c) Ausschluss der Leistungskondiktion

Unter bestimmten Umständen ist die Leistungskondiktion ausgeschlossen. Das betrifft u. a. folgende Fälle:

aa) § 814 BGB

Gemäß § 814 BGB ist die Rückforderung insbesondere dann ausgeschlossen, wenn der Leistende wusste, dass er nicht zur Leistung verpflichtet ist. Das ist Ausdruck des allgemeinen Rechtsgedankens, dass widersprüchliches Verhalten keinen rechtlichen Schutz verdient.

bb) § 817 Satz 2 BGB

Gemäß § 817 Satz 2 BGB ist die Rückforderung in der Regel ausgeschlossen, wenn dem Leistenden gleichfalls ein Verstoß gegen ein gesetzliches Verbot oder die guten Sitten zur Last fällt.

Diese Vorschrift wirft erhebliche Auslegungsprobleme auf, vieles ist streitig. Im Kern geht es darum, dass staatlicher Rechtsschutz nicht für die Durchsetzung von Geschäften zur Verfügung stehen soll, die die Rechtsordnung missbilligt.

Achtung: Die Vorschrift findet ihrem Zweck gemäß trotz ihrer systematischen Stellung auf alle Tatbestände der Leistungskondiktion Anwendung.

Beispielsfall: Die B gewährt dem A einen Kredit in Höhe von 5.000 € für ein Jahr zu einem effektiven Jahreszins in Höhe von 30 %. Nach einem Jahr verlangt B das Darlehen zurück. A verweigert die Rückzahlung unter Hinweis darauf, dass der Vertrag sittenwidrig und daher nichtig sei; er dürfe das Geld behalten.

Ein Anspruch der B aus dem Darlehensvertrag besteht nicht. Er ist wegen des deutlich überhöhten Zinssatzes gemäß § 138 Abs. 1 BGB nichtig. Der Rückzahlungsanspruch könnte sich aber aus § 812 Abs. 1 Satz 1 Alt. 1 BGB ergeben. Die Voraussetzungen liegen vor: A hat etwas erlangt, nämlich eine Gutschrift auf seinem Konto, und zwar durch eine Leistung der B. Die Leistung erfolgte auch ohne rechtlichen Grund: Der Darlehensvertrag ist nichtig. Rechtsfolge ist im Grundsatz, dass B die Rückzahlung des Darlehens verlangen kann.

Denkbar wäre ein Anspruchsausschluss gemäß § 814 Alt. 1 BGB, dies aber nur bei Kenntnis der B vom Fehlen der Leistungspflicht.
In Betracht kommt zudem ein Ausschluss gemäß § 817 Satz 2 BGB. Danach ist die Rückforderung, wie gesagt, ausgeschlossen, wenn dem Leistenden (hier: B) gleichfalls ein Verstoß gegen ein gesetzliches Verbot oder die guten Sitten zur Last fällt.
Aber: Der Leistenden B fällt nicht „gleichfalls" ein Sittenverstoß zur Last. Seinem Wortlaut nach setzt § 817 Satz 2 BGB voraus, dass sowohl der Leistende als auch der Leistungsempfänger gegen die guten Sitten verstoßen. Hier liegt aber nur ein Verstoß der B gegen die guten Sitten vor. Das würde zu dem paradoxen Ergebnis führen, dass der Empfänger, der vorwerfbar gehandelt hat, das Erlangte behalten dürfte, nicht aber der Leistungsempfänger, den kein Vorwurf trifft. § 817 Satz 2 BGB ist daher analog auf Fälle anzuwenden, in denen nur der Leistende verwerflich gehandelt hat.
Führt die analoge Anwendung des § 817 Satz 2 BGB hier also dazu, dass A die 5.000 € dauerhaft behalten darf? Nein, denn: § 817 Satz 2 BGB schließt die Rückforderung des Geleisteten aus. Überlassen wurde dem A im Beispiel aber nicht pauschal ein Geldbetrag in Höhe von 5.000 €, sondern lediglich dessen zeitlich begrenzte Nutzungsmöglichkeit. Folglich kann A das Darlehen nur für den vertraglich (wenn auch unwirksam) vereinbarten Zeitraum behalten, der hier freilich abgelaufen ist. Unterschiedlich beantwortet wird die Frage, ob der Darlehensgeber zumindest den marktüblichen Zinssatz verlangen kann. Der BGH verneint das.

2. Nichtleistungskondiktionen

a) Grundfall: § 812 Abs. 1 Satz 1 Alt. 2 BGB

aa) § 812 Abs. 1 Satz 1 Alt. 2 BGB setzt voraus, dass der Schuldner
- etwas erlangt hat, und zwar
- in sonstiger Weise auf Kosten des Gläubigers, also nicht durch Leistung, und
- ohne rechtlichen Grund.

Grundsätzliche Rechtsfolge ist auch hier, dass der Bereicherungsschuldner das Erlangte herauszugeben hat.

bb) Die Merkmale „in sonstiger Weise" und „auf Kosten" (Fallgruppen, Beispiele):

(1) Eingriffskondiktion
Der wohl wichtigste Fall der Nichtleistungskondiktion ist die allgemeine Eingriffskondiktion. Hier liegt kein zweckgerichtetes Geben (keine Leistung) vor. Vielmehr greift jemand in ein Recht ein, das einem anderen zugewiesen ist.
Einfaches **Beispiel**: A nimmt dem B eine diesem gehörende Sache weg.
Hier können parallel Herausgabeansprüche insbesondere aus § 861 Abs. 1 BGB, § 985 BGB und Delikt bestehen.
Selbstverständlich gibt es keine Beschränkung auf das Eigentum. Ein Anspruch aus Eingriffskondiktion besteht z. B. auch, wenn ein Unternehmen (U) mit Fotos des Prominenten P ohne dessen Einverständnis wirbt. Hier liegt ein Eingriff in das Allgemeine Persönlichkeitsrecht des P vor. P hat gegen U einen Anspruch § 812 Abs. 1 Satz 1 Alt. 2 BGB. Er kann die Zahlung einer angemessenen Vergütung verlangen. Diese Vergütung hat U auf Kosten des P, dem das Recht zur Verwertung zusteht, erspart. Das Merkmal „auf Kosten" hat bei der Nichtleistungskondiktion die Funktion, den Bereicherungsgläubiger festzulegen.

(2) Verwendungskondiktion
Zur Verwendungskondiktion ein **Beispiel**: Bauer B ist mit der Maisernte beschäftigt. Versehentlich erntet er auch einen Streifen des Maisfeldes des benachbarten Bauern N ab. Dadurch muss N das nicht mehr selbst tun. B übergibt N den versehentlich geernteten Mais. Allerdings verlangt er von N eine Vergütung für die geleistete Arbeit. Man könnte hier zunächst an einen Aufwendungsersatzanspruch des B aus GoA gemäß §§ 677, 683 Satz 1 BGB in Verbindung mit § 670 BGB denken. B hatte aber keinen Fremdgeschäftsführungswillen. Hier besteht jedoch ein Anspruch des B gegen N aus § 812 Abs. 1 Satz 1 Alt. 2 BGB unter dem Gesichtspunkt einer Verwendungskondiktion: Erlangt hat N die Arbeitsleistung, die Geldwert hat. Eine Leistung des B liegt nicht vor; es fehlt an einer bewussten und zweckgerichteten Mehrung fremden Vermögens. N hat aber in sonstiger Weise etwas auf Kosten des B erlangt. An einem Rechtsgrund für das Behaltendürfen fehlt es. Gemäß § 818 Abs. 2 BGB kann B daher die ortsübliche Vergütung verlangen, soweit N Aufwendungen erspart hat, § 818 Abs. 3 BGB.

b) Sonderfälle der Nichtleistungskondiktion
Neben dem dargestellten (Grund-)Tatbestand gibt es Sonderfälle. Etwa:

aa) § 816 Abs. 1 Satz 1 BGB
Trifft ein Nichtberechtigter über einen Gegenstand eine Verfügung, die dem Berechtigten gegenüber wirksam ist, so ist er dem Berechtigten gemäß § 816 Abs. 1 Satz 1 BGB zur Herausgabe des durch die Verfügung Erlangten verpflichtet.
Beispiel: E verleiht sein Fahrrad an A. Später veräußert A es – ohne die Erlaubnis des E – an den gutgläubigen B für 500 €.
Durch die Leihe (§§ 598 ff. BGB) wird A nicht Eigentümer des Fahrrads. B erwirbt das Eigentum am Fahrrad aber dennoch von A, nämlich gutgläubig, §§ 929 Satz 1, 932 BGB. A verfügt also wirksam über das Eigentum des E. E hat daher gegen A einen Anspruch gemäß § 816 Abs. 1 Satz 1 BGB. Zur Veranschaulichung:

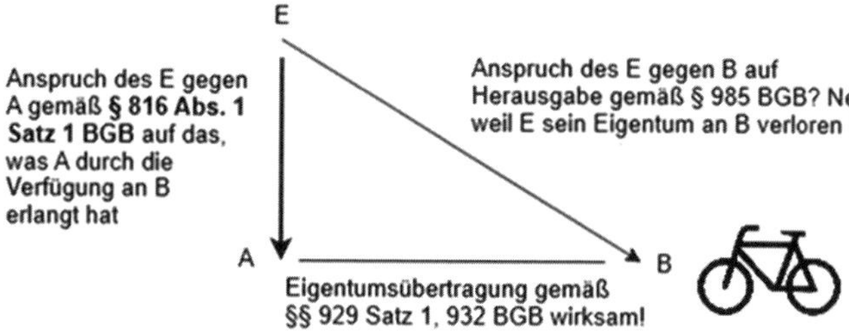

Abbildung 5: Kondiktion gemäß § 816 Abs. 1 Satz 1 BGB

bb) § 816 Abs. 1 Satz 2 BGB
War die Verfügung A-B unentgeltlich, ist ein „Durchgriff" des E gegen B zulässig, § 816 Abs. 1 Satz 2 BGB. Grund: Der unentgeltlich Erwerbende ist weniger schutzwürdig. Dieser Rechtsgedanke findet sich auch in § 822 BGB.

Weiterführende Literatur:

Hans Brox/Wolf-Dietrich Walker, Besonderes Schuldrecht, 48. Aufl. 2024, §§ 39 ff.
Stephan Lorenz, Grundwissen – Zivilrecht: Inhalt und Umfang des Bereicherungsanspruchs, JuS 2018, 937 ff.
Stephan Lorenz/Johannes Cziupka, Grundwissen – Zivilrecht: Bereicherungsrecht – Grundtypen der Kondiktionen, JuS 2012, 777 ff.
Dieter Medicus/Stephan Lorenz, Schuldrecht II, 18. Aufl. 2018, §§ 61–69
Dieter Medicus/Jens Petersen, Grundwissen zum Bürgerlichen Recht, 13. Aufl. 2024, §§ 26 ff.

Fünfter Teil

Sachenrecht

Gegenstand des Sachenrechts sind der Besitz und die Rechte an Sachen, z. B. das Eigentum.

§ 31 Trennung: Besitz und Eigentum

Laien differenzieren in der Regel nicht zwischen Eigentum und Besitz. Aber:

> *„Nihil commune habet proprietas cum possessione."*[76]
>
> Übersetzung: „Eigentum und Besitz haben nichts miteinander gemein."

Besitz ist etwas rein Tatsächliches, § 854 Abs. 1 BGB: „Der Besitz einer Sache wird durch die Erlangung der tatsächlichen Gewalt über die Sache erworben." Eigentum hingegen ist ein (absolutes) Recht, § 903 BGB. Eigentum und Besitz können auseinanderfallen. So verliert der Eigentümer durch einen Diebstahl selbstverständlich nicht das Eigentum an seiner Sache. Er verliert aber den Besitz. Denn die tatsächliche Gewalt darüber übt nunmehr der Dieb aus.

§ 32 Besitz

I. Erwerb und Beendigung des Besitzes

Besitz wird, wie gesagt, grundsätzlich durch die Erlangung der tatsächlichen Gewalt über eine Sache erworben, § 854 Abs. 1 BGB. Dem entspricht es, dass er durch den Verlust der tatsächlichen Gewalt endet, § 856 Abs. 1 BGB.

II. Unmittelbarer und mittelbarer Besitz

1. Unmittelbarer Besitz

Unmittelbarer Besitzer ist derjenige, der die tatsächliche Gewalt über eine Sache selbst ausübt. Ausnahme: der Besitzdiener gemäß § 855 BGB. Besitzdiener (z. B. Hausangestellte) sind gleichsam nur der „verlängerte Arm" des Besitzherrn.

---

76 Ulpian, D. 41,2,12,1, Anfang 3. Jh. n. Chr.

2. Mittelbarer Besitz

Was mittelbarer Besitz ist, ergibt sich aus § 868 BGB. Genannt sind einzelne Rechtsverhältnisse, die jemanden gegenüber einem anderen auf Zeit zum Besitz berechtigen oder verpflichten, etwa die Miete. Der Mieter einer Sache ist unmittelbarer Besitzer, der Vermieter mittelbarer Besitzer; aufgrund des Mietverhältnisses übt der Mieter die tatsächliche Gewalt für den Vermieter aus.

III. Eigenbesitz und Fremdbesitz

Eigenbesitzer ist, wer eine Sache als ihm gehörend besitzt, § 872 BGB. Der Fremdbesitzer, wiederum z. B. ein Mieter, besitzt für einen anderen.

IV. Besitzschutz

Der Besitzer wird insbesondere gemäß §§ 859 ff. BGB geschützt. Er kann unter Umständen Selbsthilfe üben und hat Ansprüche bei Entziehung oder sonstigen Störungen seines Besitzes.

Weiterführende Literatur:

Dieter Medicus/Jens Petersen, Grundwissen zum Bürgerlichen Recht, 13. Aufl. 2024, § 22

Hanns Prütting, Sachenrecht, 38. Aufl. 2024, §§ 6 ff.

§ 33 Rechtsgeschäftlicher Erwerb von Eigentum an beweglichen Sachen (Mobiliareigentum)

Der rechtsgeschäftliche Erwerb von Eigentum an beweglichen Sachen richtet sich, das wurde schon häufiger erwähnt, nach §§ 929 ff. BGB.

I. Gemeinsames Erfordernis: Einigsein

1. § 929 Satz 1 BGB verlangt, dass der Veräußerer und der Erwerber darüber einig sind, dass das Eigentum auf den Erwerber übergehen soll. Es handelt sich um einen Vertrag, sodass grundsätzlich die Vorschriften über Rechtsgeschäfte aus dem Allgemeinen Teil des BGB gelten.
   Die Einigung ist ein „dinglicher", kein schuldrechtlicher Vertrag. Es fehlt der verpflichtende Charakter.
   Die Einigung kann auch unter der aufschiebenden Bedingung der vollständigen Kaufpreiszahlung erfolgen, § 449 Abs. 1 BGB in Verbindung mit § 158 Abs. 1 BGB. Die Folge ist, dass der Erwerber erst mit vollständiger Kaufpreiszahlung Eigentümer wird, auch wenn ihm die Sache bereits vorher übergeben worden ist. Man spricht hier von einem **Eigentumsvorbehalt**.

Der Erwerber hat bis zur vollständigen Kaufpreiszahlung und dem damit einhergehenden Erwerb des Eigentums ein sog. Anwartschaftsrecht. Dieses kann analog §§ 929 ff. BGB übertragen werden.

2. Die Wirksamkeit des Grundgeschäfts, etwa eines Kaufvertrags, ist keine Voraussetzung für den Eigentumsübergang. Es gilt das Abstraktionsprinzip.

II. Übergabe und Übergabesurrogate

Neben der Einigung bedarf es der Übergabe der Sache (§ 929 Satz 1 BGB) oder eines Übergabesurrogats (Surrogat = Ersatz).

1. § 929 Satz 1 BGB

Gemäß § 929 Satz 1 BGB ist die Übergabe der Sache durch den Veräußerer an den Erwerber erforderlich, d. h. die Übertragung des Besitzes. Dahinter steht die Idee, dass Veränderungen der Eigentumslage nach Möglichkeit nach außen erkennbar sein sollen (sog. sachenrechtliches Publizitätsprinzip). Dieses Prinzip wird durch die Übergabesurrogate (stark) eingeschränkt:

2. § 929 Satz 2 BGB

Einer Übergabe bedarf es (natürlich) nicht, wenn der Erwerber bereits im Besitz der Sache ist, beispielsweise als Mieter. Man spricht hier von einer Übereignung „kurzer Hand".

3. § 930 BGB

Auch in der Fallgestaltung, die § 930 BGB zugrunde liegt, unterbleibt eine Übergabe. Der Veräußerer bleibt Besitzer (meistens unmittelbarer Besitzer), der Erwerber wird aber aufgrund der Vereinbarung eines Rechtsverhältnisses im Sinne des § 868 BGB mittelbarer (Eigen-)Besitzer. Aus dem bisherigen Eigentümer und Eigenbesitzer (Veräußerer) wird ein Fremdbesitzer, z. B. ein Mieter.

Von besonderer praktischer Relevanz ist das **Sicherungseigentum**.

Hierzu ein **Beispiel**: Die Bank B gewährt dem A ein Darlehen in Höhe von 10.000 €. Als Sicherheit überträgt A der B das Eigentum an seinem Pkw, wobei die Einigung unter die auflösende Bedingung (§ 158 Abs. 2 BGB) der vollständigen Rückzahlung des Darlehens gestellt wird (d. h. B bleibt Eigentümerin, bis A alle Ansprüche aus dem Darlehensvertrag erfüllt hat). Kann A seine Rückzahlungsverpflichtung nicht erfüllen, darf B den Pkw unter Umständen verwerten, um ihren Anspruch daraus zu befriedigen.

Auch hier entsteht ein Anwartschaftsrecht, nämlich des A. In der Praxis wird die Einigung in der Regel nicht unter eine Bedingung gestellt; vielmehr wird für den Fall der vollständigen Rückzahlung des Darlehens nur ein Rückübereignungsanspruch des Sicherungsgebers – hier des A – vereinbart. Dann entsteht auch kein Anwartschaftsrecht.

4. § 931 BGB

Wenn ein Dritter, etwa ein Mieter, im Besitz der Sache ist, kann die Übergabe dadurch ersetzt werden, dass der Veräußerer dem Erwerber seinen Herausgabeanspruch gegen den Dritten (im Fall der Miete ergibt er sich aus § 546 BGB) abtritt (§ 398 BGB):

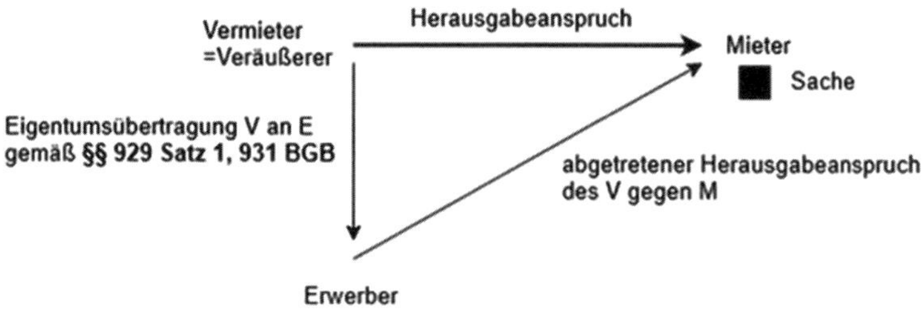

Abbildung 6: Eigentumsübertragung gemäß § 931 BGB

III. Berechtigung, gutgläubiger Erwerb

Der Veräußerer ist regelmäßig Eigentümer und damit zur Übertragung des Eigentums berechtigt (die §§ 929 ff. BGB sprechen durchweg nur vom „Eigentümer“). Denkbar ist auch, dass der Veräußerer nicht Eigentümer ist, die Veräußerung aber mit der (vorherigen) Einwilligung, § 185 Abs. 1 BGB, oder der (nachträglichen) Genehmigung, § 185 Abs. 2 BGB, des Eigentümers erfolgt.

Fehlt es an der Berechtigung, kommt ein gutgläubiger Erwerb in Betracht („Erwerb vom Nichtberechtigten“). Hier ist nach den einzelnen Erwerbstatbeständen (§ 929 Satz 1, § 929 Satz 2, § 930, § 931 BGB) zu differenzieren:

1. § 932 Abs. 1 Satz 1 BGB

a) Besitzverschaffung (Rechtsscheinstatbestand)

   § 932 Abs. 1 Satz 1 BGB bezieht sich auf den Eigentumserwerb gemäß § 929 Satz 1 BGB: Durch eine nach § 929 Satz 1 BGB erfolgte Veräußerung wird der Erwerber auch dann Eigentümer, wenn die Sache nicht dem Veräußerer gehört, es sei denn, dass der zu der Zeit, zu der er nach diesen Vorschriften das Eigentum erwerben würde, nicht in gutem Glauben ist.

   Die Anforderungen an die Besitzverschaffung durch den Veräußerer entsprechen denen des § 929 Satz 1 BGB. Der Veräußerer verliert hier durch die

Übergabe der Sache an den Erwerber vollständig seinen Besitz. Anders formuliert: Er ist in der Lage, dem Erwerber den Besitz zu verschaffen, was für die Annahme des Rechtsscheins, dass der Veräußerer tatsächlich Eigentümer ist, grundsätzlich genügt.
Ausgangspunkt der Vorschriften über den gutgläubigen Erwerb ist die Vermutung, dass der Besitzer einer Sache in der Regel auch ihr Eigentümer ist. Dieser Gedanke findet einen Niederschlag in § 1006 BGB. Der Besitz des Veräußerers ist daher die Basis für den guten Glauben des Erwerbers daran, dass der Veräußerer Eigentümer ist.

b) Guter Glaube
Ein gutgläubiger Erwerb scheitert, wenn der Erwerber nicht gutgläubig ist. § 932 Abs. 2 BGB definiert, wann der Erwerber nicht in gutem Glauben ist, nämlich dann, wenn ihm bekannt oder infolge *grober* Fahrlässigkeit unbekannt ist (d. h. der Erwerber hat das außer Acht gelassen, was im gegebenen Fall jedem hätte einleuchten müssen), dass die Sache nicht dem Veräußerer gehört. Er ist dann nicht schutzwürdig.[77]
Beispiel: Guter Glaube fehlt nach der Rechtsprechung des BGH in der Regel, wenn sich der Veräußerer eines Kfz nicht durch die Zulassungsbescheinigung Teil II (früher: Kfz-Brief) als Halter ausweisen kann (obwohl Haltereigenschaft und Eigentümerstellung nicht zusammenfallen müssen):

> „Nach ständiger Rechtsprechung des BGH begründet der Besitz des Fahrzeugs allein nicht den für den Gutglaubenserwerb nach § 932 BGB erforderlichen Rechtsschein. Vielmehr gehört es regelmäßig zu den Mindesterfordernissen für einen gutgläubigen Erwerb eines gebrauchten Kraftfahrzeugs, dass sich der Erwerber die Zulassungsbescheinigung Teil II [...] vorlegen lässt, um die Berechtigung des Veräußerers zu prüfen [...]. Kommt der Erwerber dieser Obliegenheit nach und wird ihm eine gefälschte Bescheinigung vorgelegt, treffen ihn, sofern er die Fälschung nicht erkennen musste und für ihn auch keine anderen Verdachtsmomente vorlagen, keine weiteren Nachforschungspflichten."[78]

§ 932 Abs. 2 BGB bezieht sich nur auf den guten Glauben hinsichtlich des Eigentums, nicht bezüglich der Verfügungsbefugnis, der Vertretungsmacht oder der Geschäftsfähigkeit des Veräußerers.[79]

77 Beachte bei der Einschaltung von Vertretern § 166 BGB. Dazu oben § 22 III.2.
78 BGH v. 23.9.2022, V ZR 148/21 = NJW 2023, 781 Rn. 16.
79 Siehe aber § 366 Abs. 1 HGB und dazu unten § 38.

c) Kein Abhandenkommen
Gutgläubiger Erwerb ist in der Regel nur möglich, wenn der Eigentümer die Sache freiwillig aus der Hand gegeben hat. Er hat damit den durch den Besitz des nichtberechtigten Veräußerers hervorgerufenen Rechtsschein, dass dieser Eigentümer sei, (mit-)verursacht. In diesem Fall gibt das Gesetz dem Verkehrsinteresse gegenüber dem Interesse des Eigentümers, sein Eigentum nicht zu verlieren, den Vorrang. Fehlt es dagegen an einer freiwilligen Weggabe, ist die Sache dem Eigentümer also abhandengekommen, scheidet ein gutgläubiger Erwerb grundsätzlich aus, § 935 Abs. 1 BGB. Etwas anderes gilt aber insbesondere beim Abhandenkommen von Geld, § 935 Abs. 2 BGB. Diese Vorschrift schützt die besondere Umlauffähigkeit von Geld, dies aber nur im Hinblick auf seine Funktion als Zahlungsmittel. Aus diesem Grund findet sie beispielsweise auf Sammlermünzen keine Anwendung (Auslegung unter Berücksichtigung des Gesetzeszwecks). Hier kommt ein gutgläubiger Erwerb bei einem Abhandenkommen nicht in Betracht. Es bleibt bei der Regelung des § 935 Abs. 1 BGB.

2. §§ 932 Satz 2–934 BGB

Die genannten weiteren Vorschriften verschärfen die Anforderungen an die Besitzverschaffung (den Rechtsscheinstatbestand). Hinsichtlich des guten Glaubens und des fehlenden Abhandenkommens gilt allerdings auch hier das oben Gesagte.

Weiterführende Literatur:

Stephan Lorenz, Grundwissen – Zivilrecht: Der Eigentumsvorbehalt, JuS 2011, 199 ff.
ders., Grundwissen – Zivilrecht: Die Sicherungsübereignung, JuS 2011, 493 ff.
Stephan Lorenz/Veronika Eichhorn, Grundwissen – Zivilrecht: Der gutgläubige Erwerb, JuS 2017, 822 ff.
Dieter Medicus/Jens Petersen, Grundwissen zum Bürgerlichen Recht, 13. Aufl. 2024, § 18 Rn. 1–23
Hanns Prütting, Sachenrecht, 38. Aufl. 2024, §§ 32–35.

§ 34 Rechtsgeschäftlicher Erwerb von Eigentum an unbeweglichen Sachen (Grundeigentum)

Für den rechtsgeschäftlichen Erwerb von Eigentum an Grundstücken gelten die §§ 929 ff. BGB *nicht.*

I. Auflassung und Eintragung ins Grundbuch, § 873 BGB

Der rechtsgeschäftliche Erwerb von Eigentum an Grundstücken erfolgt durch Auflassung und Eintragung ins Grundbuch.

Gemäß § 94 Abs. 1 Satz 1 BGB sind die mit dem Grund und Boden fest verbundenen Sachen, insbesondere Gebäude, wesentliche Bestandteile des Grundstücks. Sie können nicht Gegenstand besonderer Rechte sein, teilen also das rechtliche Schicksal des Grundstücks, vgl. § 93 BGB.

1. Auflassung
   Die gemäß § 873 Abs. 1 BGB[80] erforderliche Einigung heißt bei der Veräußerung von Grundstücken Auflassung, § 925 Abs. 1 Satz 1 BGB. Sie ist formbedürftig und kann grundsätzlich nur vor einem Notar abgegeben werden, § 925 Abs. 1 Satz 2 BGB.
   Die Auflassung ist bedingungsfeindlich: Eine Auflassung unter einer Bedingung oder Zeitbestimmung ist unwirksam, § 925 Abs. 2 BGB. Die Eigentumslage soll sich nämlich eindeutig aus dem Grundbuch ergeben. Aus der Bedingungsfeindlichkeit folgt beispielsweise, dass ein Eigentumsvorbehalt[81] nicht in Betracht kommt.

2. Eintragung ins Grundbuch
   Neben der Auflassung setzt der Eigentumserwerb voraus, dass die Änderung der Eigentumsverhältnisse in das Grundbuch eingetragen wird. Sie soll nach außen erkennbar sein (Publizitätsprinzip).
   Die Voraussetzungen für die Eintragung sind in der Grundbuchordnung (GBO) geregelt.
   Die Eintragung hängt nicht nur von der Erfüllung der Voraussetzungen der GBO ab. Es gibt auch öffentlich-rechtliche Erfordernisse, etwa die Zahlung der Grunderwerbsteuer. Die Eintragung – und damit der Eigentumserwerb – kann also einen längeren Zeitraum in Anspruch nehmen.

80 Die Vorschrift betrifft den rechtsgeschäftlichen Erwerb von Grundstücksrechten und Rechten an solchen, also nicht nur den Eigentumserwerb.

81 Siehe oben § 33 I.

II. Exkurs: Vormerkung

Während des langen Eintragungsprozesses besteht die Gefahr, dass der Veräußerer, der ja bis zur Eintragung Eigentümer bleibt, das Grundstück an einen Dritten veräußert (oder belastet). Hier hilft die Vormerkung, § 883 BGB.

Die Wirkung der Vormerkung ergibt sich aus §§ 883, 888 BGB. Die Vormerkung hat zur Folge, dass dem Veräußerer trotz einer zwischenzeitlichen Veräußerung an einen Dritten die Erfüllung seiner Verpflichtung aus dem (ersten) Kaufvertrag möglich bleibt (anderenfalls griffe § 275 Abs. 1 BGB ein!) und der (Erst-)Käufer daher weiterhin Erfüllung verlangen kann. Verkürzt kann man sagen, dass die Vormerkung die „Unmöglichkeit der Unmöglichkeit" bewirkt.

III. Berechtigung, gutgläubiger Erwerb

Auch beim Erwerb von Grundeigentum muss der Veräußerer grundsätzlich Eigentümer sein. Allerdings besteht, wie beim Erwerb von Mobiliareigentum, die Möglichkeit eines gutgläubigen Erwerbs vom Nichteigentümer: Gemäß § 892 Abs. 1 Satz 1 BGB gilt der (unrichtige) Inhalt des Grundbuchs zugunsten des Erwerbers als richtig, und zwar unabhängig davon, ob er das Grundbuch eingesehen hat. Etwas anderes gilt, wenn der Erwerber die Unrichtigkeit der Grundbucheintragung kennt oder ein Widerspruch gegen die Richtigkeit des Grundbuchs eingetragen ist. In beiden Fällen ist der Rechtsschein zerstört.

Weiterführende Literatur:

Dieter Medicus/Jens Petersen, Grundwissen zum Bürgerlichen Recht, 13. Aufl. 2024, § 19 Rn. 1–9

Hanns Prütting, Sachenrecht, 38. Aufl. 2024, § 16 und §§ 18–21.

§ 35 Gesetzlicher Eigentumserwerb

Eigentum kann nicht nur durch Rechtsgeschäft, sondern auch aufgrund Gesetzes erworben werden. Beispiele sind:

- Erbgang, § 1922 Abs. 1 BGB
- Ersitzung, §§ 937 ff. BGB
- Verbindung, Vermischung, Verarbeitung, §§ 946 ff. BGB

Der Eigentumserwerb durch Ersitzung sowie durch Verbindung, Vermischung und Verarbeitung spielt in der Praxis keine große Rolle.

Weiterführende Literatur:

Dieter Medicus/Jens Petersen, Grundwissen zum Bürgerlichen Recht, 13. Aufl. 2024, § 18 Rn. 25–31 und § 19 Rn. 11.

§ 36 Ansprüche im Zusammenhang mit dem Eigentum

Aus der Beeinträchtigung des Eigentums können sich Ansprüche ergeben. Zu diesen gehören – neben den bereits erörterten deliktischen Ansprüchen – etwa:

I. Herausgabeanspruch gemäß § 985 BGB und Ansprüche aus dem Eigentümer-Besitzer-Verhältnis

1. Herausgabeanspruch gemäß § 985 BGB

§ 985 BGB gewährt dem Eigentümer gegen den Besitzer, der kein Recht zum Besitz hat (§ 986 BGB), einen Herausgabeanspruch. Eigentum und Besitz fallen hier zunächst auseinander und werden dann wieder in einer Hand zusammengeführt.

Beispiel: M hat von V ein Fahrrad gemietet, das dem E gehört. Kann der Eigentümer E vom Besitzer M Herausgabe des Fahrrads gemäß § 985 BGB verlangen? Ja. § 986 Abs. 1 Satz 1 Alt. 1 BGB setzt voraus, dass der Besitzer *gegenüber dem Eigentümer* zum Besitz berechtigt ist. Der Mietvertrag, den M abgeschlossen hat, wirkt aber nur gegenüber V, nicht gegenüber E (Relativität der Schuldverhältnisse[82]).

2. Eigentümer-Besitzer-Verhältnis

Die §§ 987 ff. BGB regeln das komplexe sog. Eigentümer-Besitzer-Verhältnis. Wichtig sind etwa die Regelungen in §§ 989, 990, 992 BGB. Hier geht es um Schadensersatzansprüche des Eigentümers gegen den unrechtmäßigen, d. h. nicht zum Besitz berechtigten und daher gemäß § 985 BGB zur Herausgabe verpflichteten Besitzers, wenn die Sache verschlechtert wird oder nicht mehr herausgegeben werden kann.

a) Verklagter, unredlicher (bösgläubiger) und deliktischer Besitzer
Gemäß § 989 BGB ist der unrechtmäßige Besitzer ab dem Zeitpunkt der Rechtshängigkeit (d. h. ab dem Zeitpunkt der Klagezustellung) dem Eigentümer gegenüber zum Ersatz des Schadens verpflichtet, der dadurch entsteht, dass die Sache infolge seines Verschuldens verschlechtert wird, untergeht oder aus einem anderen Grund nicht mehr herausgegeben werden kann. Einer Haftung nach § 989 BGB unterliegt, wie sich aus § 990 Abs. 1 Satz 1 BGB ergibt, auch der unverklagte unrechtmäßige Besitzer, wenn er bei dem Erwerb des Besitzes hinsichtlich seines Besitzrechts nicht in gutem Glauben war. Insoweit gilt der Maßstab des § 932 Abs. 2 BGB. Die gleiche Haftung

82 Vgl. oben § 2 II.

trifft schließlich denjenigen, der zwar zunächst gutgläubig ist, später aber erfährt, dass er nicht zum Besitz berechtigt ist, dies freilich erst ab dem Zeitpunkt der Kenntniserlangung, § 990 Abs. 1 Satz 2 BGB.
Der bösgläubige Besitzer haftet gemäß § 990 Abs. 2 BGB bei Verzug (§ 286 BGB) auch für den zufälligen Untergang der Sache, § 287 Satz 2 BGB, d. h. unabhängig von einem Verschulden.
Auf Schadensersatz gemäß § 992 BGB in Verbindung mit §§ 823 ff. BGB haftet schließlich der Besitzer, der sich den Besitz durch verbotene Eigenmacht (§ 858 Abs. 1 BGB) oder durch eine gegen das Eigentum gerichtete Straftat verschafft hat.

b) Unverklagter bzw. redlicher Besitzer
Liegen die oben genannten Voraussetzungen (§§ 989, 990, 992 BGB) nicht vor, trifft den unrechtmäßigen Besitzer grundsätzlich keine Schadensersatzpflicht. Das ergibt sich aus der Formulierung am Ende von § 993 Abs. 1 BGB. Diese Privilegierung betrifft aber nur den redlichen unrechtmäßigen Eigenbesitzer (§ 872 BGB), also denjenigen, der glaubt, Eigentümer der Sache zu sein (z. B. weil ihm die Sache in Erfüllung eines Kaufvertrags übereignet wurde). Dem Fremdbesitzer (z. B. demjenigen, der aufgrund eines nichtigen Mietvertrages besitzt) muss hingegen klar sein, dass er mit der Sache nicht – wie ein Eigentümer – nach Belieben verfahren kann. Dieser haftet daher gemäß § 823 BGB auf Schadensersatz; die „Sperrwirkung" des § 993 Abs. 1 BGB (am Ende) greift hier nicht.
Aus dem Gesagten ergibt sich, dass in den Fällen, in denen es um Eigentumsverletzungen durch unrechtmäßige Besitzer geht, Ansprüche aus §§ 989 ff. BGB vorrangig zu prüfen sind. Denn es kann, wie dargelegt, je nach Lage des Falles sein, dass Ansprüche aus §§ 823 ff. BGB „gesperrt" sind.
Beispiel: V veräußert einen dem Eigentümer E gestohlenen Pkw mit „professionell" gefälschten Fahrzeugpapieren an K. Aufgrund einer Unaufmerksamkeit beschädigt K den Pkw. Kann E von K Schadensersatz wegen der Beschädigung des Fahrzeugs verlangen?
Lösung: Zu denken wäre an einen Anspruch des E gemäß § 990 Abs. 1 BGB in Verbindung mit § 989 BGB. E war im maßgeblichen Zeitpunkt der Beschädigung – nach wie vor – Eigentümer des Fahrzeugs. Durch die Veräußerung des V an K hatte E sein Eigentum nämlich nicht verloren. Zwar war K gutgläubig (§ 932 Abs. 2 BGB). Ein gutgläubiger Erwerb scheitert aber an § 935 Abs. 1 BGB, weil das Fahrzeug dem E gestohlen worden war. K war Besitzer des Fahrzeugs (§ 854 Abs. 1 BGB); auch diese Voraussetzung ist also

erfüllt. Zudem war K gegenüber E nicht zum Besitz berechtigt. Allerdings war K im Zeitpunkt der Beschädigung hinsichtlich der fehlenden Berechtigung zum Besitz nicht bösgläubig; insoweit hatte er weder Kenntnis noch war er grob fahrlässig (§ 990 Abs. 1 BGB in Verbindung mit dem Maßstab des § 932 Abs. 2 BGB). – Auch ein Anspruch aus § 823 Abs. 1 BGB scheidet aus: Das ergibt sich aus § 993 Abs. 1 BGB (am Ende). Diese „Sperrwirkung" wäre, wie oben gezeigt, nur aufgehoben, wenn K Fremdbesitzer gewesen wäre. Das war aber nicht der Fall. Er nahm an, das Fahrzeug wirksam von V erworben zu haben und daher Eigentümer zu sein. Er war folglich Eigenbesitzer im Sinne des § 872 BGB.

II. Grundbuchberichtigungsanspruch gemäß § 894 BGB

Ein falsches Grundbuch birgt beispielsweise die Gefahr eines gutgläubigen Erwerbs zu Lasten des Berechtigten (§ 892 BGB). Vorläufig hilft ein Widerspruch gemäß § 899 BGB, weil dann ein gutgläubiger Erwerb, wie bereits erläutert, nicht möglich ist. Im Übrigen besteht ein Grundbuchberichtigungsanspruch gemäß § 894 BGB.

III. Beseitigungs- und Unterlassungsanspruch gemäß § 1004 BGB

1. Grundsätzliches

§ 1004 BGB schützt den Eigentümer vor Beeinträchtigungen, die nicht in einer Entziehung oder Vorenthaltung des Besitzes liegen. Die Vorschrift ergänzt § 985 BGB. Die von § 1004 BGB erfassten Beeinträchtigungen können vielfältig sein. Beispiele sind: Lärm, Gerüche, die Ablagerung von Gegenständen, aber etwa auch das Bestreiten des Eigentums.

2. Voraussetzungen, insbesondere: der Störer

Der Anspruch gemäß § 1004 BGB richtet sich gegen den Störer. Störer ist derjenige, von dem die Beeinträchtigung ausgeht. Zu unterscheiden ist zwischen dem Handlungsstörer und dem Zustandsstörer.

a) Handlungsstörer
Der Handlungsstörer beeinträchtigt den Eigentümer durch eine eigene Handlung (oder pflichtwidrige Unterlassung). Handlungsstörer ist auch derjenige, der eine Beeinträchtigung durch einen Dritten verursacht und in der Lage ist, sie zu verhindern bzw. abzustellen (sog. mittelbarer Handlungsstörer). Das trifft etwa auf einen Vermieter zu, wenn es zu Beeinträchtigungen durch Mieter kommt.

b) Zustandsstörer
Zustandsstörer sind Personen, die für einen Zustand verantwortlich sind, der das Eigentum anderer beeinträchtigt. Das gilt beispielsweise für einen Baumeigentümer, wenn der Baum das Nachbargrundstück beeinträchtigt. Je nach Fallgestaltung können sich hier schwierige Fragen stellen. Für bloße Naturereignisse besteht regelmäßig keine Störerhaftung (z. B.: infolge Starkregens rutscht ein Hang von einem Grundstück auf ein anderes).

3. Anspruchsausschluss

Der Eigentümer kann zur Duldung verpflichtet sein, dann ist der Anspruch ausgeschlossen, § 1004 Abs. 2 BGB. Solche Duldungspflichten können sich aus einem Rechtsgeschäft (z. B. einem Vertrag) oder aus dem Gesetz ergeben. Eine gesetzliche Duldungspflicht folgt beispielsweise aus dem Notwegerecht gemäß § 917 BGB. Unwesentliche Beeinträchtigungen durch Gase, Dämpfe etc. sind nach Maßgabe des § 906 Abs. 1 BGB zu dulden. Auch wesentliche, aber ortsübliche Beeinträchtigungen, die durch die Benutzung eines anderen Grundstücks herbeigeführt werden und nicht durch wirtschaftlich zumutbare Maßnahmen verhindert werden können, sind hinzunehmen, § 906 Abs. 2 Satz 1 BGB; hier besteht aber ggf. ein Ausgleichsanspruch gemäß § 906 Abs. 2 Satz 2 BGB.

4. Rechtsfolge

a) § 1004 Abs. 1 Satz 1 BGB, Beseitigungsanspruch
§ 1004 Abs. 1 Satz 1 BGB gibt dem Eigentümer einen Anspruch auf Beseitigung der Beeinträchtigung.
Beispiele: Unbefugt auf einem Grundstück abgelegte Gegenstände müssen wieder entfernt werden. Stürzt ein Tanklastzug auf ein Grundstück, sodass Öl ins Erdreich sickert, kann der Eigentümer nach der Rechtsprechung des BGH gemäß § 1004 Abs. 1 Satz 1 BGB die Entfernung des kontaminierten Erdreichs, die Entsorgung und die Neuauffüllung verlangen.
Der Beseitigungsanspruch bezieht sich auf die Quelle der Störung, nicht auf deren Folgen, für die ggf. nach den einschlägigen Vorschriften Schadensersatz verlangt werden kann.

b) § 1004 Abs. 1 Satz 2 BGB, Unterlassungsanspruch
Sind weitere Beeinträchtigungen zu befürchten, kann der Eigentümer Unterlassung verlangen.
Achtung: Anerkannt ist, dass über den Wortlaut des Gesetzes hinaus ein vorbeugender Unterlassungsanspruch besteht (d. h. ohne dass bereits eine Stö-

rung stattgefunden hat), wenn die konkrete Gefahr einer erstmaligen Beeinträchtigung besteht.
Beispiel: A hat angekündigt, demnächst Gegenstände auf dem Grundstück des B abladen zu wollen. Hier besteht ein vorbeugender Unterlassungsanspruch.

5. Anwendung über den Eigentumsschutz hinaus

§ 1004 BGB wird – analog – auch angewendet, wenn es um andere absolut geschützte Rechtspositionen gemäß § 823 Abs. 1 BGB geht. Das betrifft etwa auch das Allgemeine Persönlichkeitsrecht als „sonstiges Recht" im Sinne des § 823 Abs. 1 BGB.[83]

Weiterführende Literatur:

Stephan Lorenz, Grundwissen – Zivilrecht: Das Eigentümer-Besitzer-Verhältnis, JuS 2013, 495 ff.
Dieter Medicus/Jens Petersen, Grundwissen zum Bürgerlichen Recht, 13. Aufl. 2024, § 17 Rn. 2–4 (Eigentümer-Besitzer-Verhältnis), § 20 (§ 985 BGB) und § 21 Rn. 1–8 (§ 1004 BGB)
Hanns Prütting, Sachenrecht, 38. Aufl. 2024, § 47 (Herausgabeanspruch gemäß § 985 BGB), § 48 Rn. 537 ff. (Schadensersatz gemäß §§ 989 ff. BGB), § 49 (§ 1004 BGB).

83 § 10 II.

Sechster Teil

Überblick über das Handelsrecht

§ 37 Verhältnis des Bürgerlichen Rechts zum Handelsrecht

Art. 2 des Einführungsgesetzes zum Handelsgesetzbuch (EGHGB) bestimmt:

> In Handelssachen kommen die Vorschriften des Bürgerlichen Gesetzbuchs nur insoweit zur Anwendung, als nicht im Handelsgesetzbuch [...] ein anderes bestimmt ist.

Handelsrecht ist „Sonderprivatrecht". Weil es Privatrecht ist, kommen die Vorschriften des BGB zur Anwendung, allerdings – weil das Handelsrecht ein „besonderes" Privatrecht ist – nur insoweit, als nicht besondere Vorschriften einschlägig sind. Art. 2 EGHGB enthält lediglich eine Konkretisierung des allgemeinen Grundsatzes, dass eine spezielle Regelung der allgemeinen vorgeht.

Weiterführende Literatur:
Tobias Lettl, Handelsrecht, 6. Aufl. 2025, § 1 Rn. 7 ff.

§ 38 Merkmale des Handelsrechts

Wichtige Kennzeichen des Handelsrechts sind u. a.:

- Zügigkeit
  Beispiel: § 377 HGB sieht beim Handelskauf das Erfordernis einer unverzüglichen Mängelrüge des Käufers vor. Der Kauf soll schnell abgewickelt und der Verkäufer möglichst bald von der Unsicherheit befreit werden, ob er ggf. wegen Mängeln Gewähr leisten muss.
- Erweiterung des Vertrauensschutzes
  Die Erweiterung des Vertrauensschutzes zeigt sich etwa, wenn § 366 Abs. 1 HGB – anders als §§ 932 ff. BGB – auch den guten Glauben an die bloße Verfügungsbefugnis des Veräußerers schützt.
  Beispiel: K erwirbt im Autohaus A-GmbH (A) einen Gebrauchtwagen. Dass die A nicht Eigentümerin des Wagens ist, ist K bekannt. Allerdings geht er aufgrund der Angaben des Verkaufsmitarbeiters davon aus, dass A vom Eigentümer zur Veräußerung des Fahrzeugs unter den zwischen A und K ver-

einbarten Bedingungen ermächtigt worden sei, was in Wirklichkeit nicht zutrifft. § 932 BGB hilft K nicht, denn er weiß, dass A nicht Eigentümerin ist. Den guten Glauben an die Verfügungsbefugnis schützt § 932 BGB nicht. Allerdings greift insoweit § 366 Abs. 1 HGB ein. K war hinsichtlich der Verfügungsbefugnis, um die es hier geht, nicht bösgläubig. Verkauft nämlich ein Kraftfahrzeughändler im Rahmen seines Geschäftsbetriebs ein gebrauchtes Fahrzeug, ohne dass zuvor die Zulassungsbescheinigung Teil II auf ihn als Halter umgeschrieben worden ist, ist das nichts Ungewöhnliches.

- Typisierung von Vertretungsbefugnissen
  Hier kann exemplarisch die Prokura gemäß §§ 48 ff. HGB genannt werden. Es handelt sich um eine rechtsgeschäftliche Vollmacht, deren Umfang gesetzlich festgelegt (§ 49 HGB) und im Außenverhältnis nur in sehr eng begrenzten Ausnahmefällen beschränkt werden kann (§ 50 HGB).
- Publizität
  Das Handelsregister (§§ 8 ff. HGB) ist für den Handelsverkehr besonders wichtig. Es ermöglicht den am Wirtschaftsverkehr Beteiligten, sich zuverlässig über handelsrechtlich relevante Sachverhalte zu informieren.
- Selbstverantwortung
  Das Prinzip der Selbstverantwortung ist gegenüber dem BGB erhöht. So kann etwa ein Bürgschaftsversprechen, das auf Seiten des Bürgen ein Handelsgeschäft ist, abweichend von § 766 Satz 1 BGB formlos abgegeben werden, § 350 HGB.

Weiterführende Literatur:
Tobias Lettl, Handelsrecht, 6. Aufl. 2025, § 1 Rn. 17 ff.

§ 39 Begriff des Kaufmanns

„Kaufmann“ ist der zentrale Begriff des Handelsrechts. Es gibt allerdings verschiedene Arten von Kaufleuten:

I. „Istkaufmann“ gemäß § 1 HGB

§ 1 Abs. 1 HGB bestimmt, dass derjenige Kaufmann ist, der ein Handelsgewerbe betreibt. Der Begriff des Handelsgewerbes ist in § 1 Abs. 2 HGB definiert. Handelsgewerbe ist danach jeder Gewerbebetrieb, es sei denn, dass das Unternehmen nach Art oder Umfang einen in kaufmännischer Weise eingerichteten Gewerbebetrieb nicht erfordert.

Ein Gewerbebetrieb liegt vor, wenn es um eine Tätigkeit geht, die
- selbstständig,
- nach außen erkennbar,
- planmäßig und auf gewisse Dauer angelegt ist und die
- auf wirtschaftlichem Gebiet mit Gewinnerzielungsabsicht[84] ausgeübt wird.

Selbstständig ist, wer im Wesentlichen frei seine Tätigkeit gestalten und seine Arbeitszeit bestimmen kann, vgl. § 84 Abs. 1 Satz 2 HGB. Das trifft beispielsweise auf Arbeitnehmer nicht zu.

Grundsätzlich keine Gewerbetreibenden sind: Freiberufler[85] sowie Land- und Forstwirte (siehe § 3 Abs. 1 HGB).

Bei dem Erfordernis eines nach Art und Umfang in kaufmännischer Weise eingerichteten Gewerbebetriebs (§ 1 Abs. 2 HGB: „[...] es sei denn, dass das Unternehmen nach Art oder Umfang einen in kaufmännischer Weise eingerichteten Gewerbebetrieb nicht erfordert.") geht es um eine Gesamtschau, bei der qualitative und quantitative Merkmale eine Rolle spielen. Bei der Art der Geschäftstätigkeit geht es etwa um die Komplexität und die Schwierigkeit des unternehmerischen Handelns, beim Umfang der Geschäftstätigkeit vor allem um den Umsatz. Die relevante Umsatzschwelle dürfte derzeit bei einem Jahresumsatz von 500.000 € liegen; in solchen Fällen dürfte regelmäßig ein in kaufmännischer Weise eingerichteter Geschäftsbetrieb erforderlich sein.[86] Vorsicht: Auch wenn der Umsatz relativ gering ist, kann je nach Lage des Falles ein in kaufmännischer Weise eingerichteter Gewerbebetrieb erforderlich sein.

Auf eine Eintragung im Handelsregister kommt es im Rahmen des § 1 HGB – trotz der gemäß § 29 HGB bestehenden Eintragungspflicht – nicht an. Bei Vorliegen der Voraussetzungen des § 1 HGB *ist* man kraft Gesetzes Kaufmann.

II. Freiwillige Kaufmannseigenschaft, Rechtsschein

Die Kaufmannseigenschaft kann auch freiwillig erworben werden:
- Kannkaufmann, § 2 HGB
  Gewerbetreibende, deren Unternehmen keinen in kaufmännischer Weise eingerichteten Gewerbebetrieb erfordert (Kleingewerbetreibende), können

84 Eine Gewinnerzielungsabsicht verlangt der BGH für die „gewerbliche Tätigkeit" im Sinne des § 14 BGB hingegen nicht. Überhaupt unterscheidet sich der Gewerbebegriff je nach Rechtsgebiet.
85 Siehe oben § 8 III.
86 Peter Kindler, in: Ebenroth/Boujong, HGB, 5. Aufl. 2024, § 1 Rn. 52. In der Kommentarliteratur findet man aber auch andere Werte.

gemäß § 2 Satz 1 HGB durch eine Eintragung in das Handelsregister die Kaufmannseigenschaft erwerben. Daher hat sich die Bezeichnung „Kannkaufmann" eingebürgert. Die freiwillige Begründung der Kaufmannseigenschaft will gut überlegt sein, weil man damit u. a. Schutzmechanismen des BGB aufgibt.

- Kannkaufmann bei land- und forstwirtschaftlichen Betrieben, § 3 HGB
  Land- und Forstwirte werden durch § 3 Abs. 1 HGB von der Anwendung des Handelsrechts ausgenommen. Auch sie können jedoch, allerdings nur, wenn das Unternehmen nach Art und Umfang einen in kaufmännischer Weise eingerichteten Gewerbebetrieb erfordert (!), durch Eintragung freiwillig als Kaufleute am Handelsrecht teilhaben, § 3 Abs. 2 HGB.

Daneben gibt es Regelungen, die dem Schutz des Rechtsverkehrs dienen:

- Kaufmann kraft Eintragung, § 5 HGB
  Nach § 5 HGB werden Gewerbetreibende, die in das Handelsregister eingetragen sind, unwiderlegbar als Kaufleute angesehen, und zwar auch dann, wenn die Eintragung zu Unrecht erfolgt ist. Das dient der Rechtssicherheit.
- Scheinkaufmann
  Insoweit gibt es zwar keine gesetzliche Regelung. Wer aber im Rechtsverkehr zurechenbar den Rechtsschein setzt, Kaufmann zu sein, muss sich auch so behandeln lassen.

III. Gesellschaften

§ 6 Abs. 1 HGB bestimmt, dass die Vorschriften über Kaufleute auch auf Handelsgesellschaften Anwendung finden. Für „korporative Kaufleute" bestimmt § 6 Abs. 2 HGB, dass deren Rechtsstellung nicht davon abhängig ist, ob ein Handelsgewerbe im Sinne des § 1 Abs. 2 HGB betrieben wird; die Vorschrift betrifft u. a. Aktiengesellschaften (§ 3 Abs. 1 AktG) und Gesellschaften mit beschränkter Haftung (§ 13 Abs. 3 GmbHG).

Weiterführende Literatur:

Tobias Lettl, Handelsrecht, 6. Aufl. 2025, § 2
Hans-Friedrich Müller, Der Kaufmannsbegriff, JA 2021, 454 ff.

§ 40 Handelsregister, §§ 8 ff. HGB

I. Grundsätzliches

Beim Handelsregister handelt es sich um ein mit dem Grundbuch vergleichbares öffentliches Verzeichnis. Es wird bei den Amtsgerichten elektronisch geführt (§ 8 Abs. 1 HGB). Die Einsichtnahme in das Handelsregister und die dort eingereichten Dokumente ist jedem zu Informationszwecken durch einzelne Abrufe gestattet (§ 9 Abs. 1 Satz 1 HGB).[87] Seine Funktion besteht insbesondere darin, die interessierte Öffentlichkeit über im Handelsverkehr relevante Tatsachen zuverlässig zu informieren.

II. Deklaratorische und konstitutive Eintragungen

Deklaratorisch ist eine Handelsregistereintragung, wenn dadurch nur etwas zum Ausdruck gebracht wird, was ohnehin schon gilt.

Beispiel: Eintragung eines Istkaufmanns (§ 1 HGB), denn er ist unabhängig von einer Eintragung Kaufmann.

Konstitutiv wirkt eine Eintragung, wenn die entsprechende Rechtstatsache erst durch sie zur Entstehung gelangt, wie durch die Eintragung eines Kannkaufmanns gemäß § 2 HGB.

III. Insbesondere: Publizität des Handelsregisters

Auf Eintragungen im Handelsregister soll man sich grundsätzlich verlassen können. Besonders wichtig ist hier § 15 HGB. § 15 Abs. 3 HGB beispielsweise regelt die sog. positive Publizität: Ist eine einzutragende und bekannt gemachte Tatsache unrichtig eingetragen, so kann sich ein Dritter demjenigen gegenüber, in dessen Angelegenheit die Tatsache einzutragen war, auf die eingetragene Tatsache berufen, es sei denn, er kannte die Unrichtigkeit.

Beispiel: Kaufmann K erteilt dem P Prokura. Im Handelsregister wird infolge eines Versehens des K nicht P, sondern X als Prokurist eingetragen. § 15 Abs. 3 HGB schützt das Vertrauen gutgläubiger Dritter, die davon ausgehen, X sei Prokurist. Daher kann es, wenn X als Vertreter des K auftritt, zu Vertragsschlüssen zwischen K und gutgläubigen Dritten kommen.

Weiterführende Literatur:

Tobias Lettl, Handelsrecht, 6. Aufl. 2025, § 3.

87 Der kostenfreie Abruf ist möglich unter www.handelsregister.de.

§ 41 Handelsfirma, §§ 17 ff. HGB

I. Grundsätzliches

„Firma" ist – entgegen einer weit verbreiteten Vorstellung – nichts anderes als der Name, unter dem ein Kaufmann seine Geschäfte betreibt und die Unterschrift abgibt, § 17 Abs. 1 HGB.

Beispiel: Michael Müller Schreibwaren e. K. (= eingetragener Kaufmann)

II. Haftung bei Firmenfortführung

Wechselt der Unternehmensträger durch Rechtsgeschäft, führt das nach bürgerlich-rechtlichen Grundsätzen nicht dazu, dass der Erwerber für die Verbindlichkeiten des Veräußerers haftet. Die bisherigen Rechtsbeziehungen zwischen dem Veräußerer und seinen Vertragspartnern usw. bestehen fort. Sie betreffen den Erwerber nicht. Anders ist das allerdings unter den Voraussetzungen des § 25 HGB: Bei Fortführung eines rechtsgeschäftlich erworbenen Handelsgeschäfts unter der bisherigen Firma haftet der Erwerber für alle im Betrieb bereits begründeten Verbindlichkeiten des früheren Inhabers. Hier wird dem Umstand Rechnung getragen, dass durch die Fortführung der bisherigen Firma der Eindruck der Kontinuität hervorgerufen wird.

Weiterführende Literatur:

Tobias Lettl, Handelsrecht, 6. Aufl. 2025, insbes. § 5.

§ 42 Schweigen im Handelsverkehr, insbesondere: kaufmännisches Bestätigungsschreiben

I. Schweigen (ausnahmsweise) als Willenserklärung

Im HGB finden sich Vorschriften, wonach ein Schweigen als Willenserklärung gilt. Hierzu gehört etwa § 362 Abs. 1 HGB. Unter den dort genannten Voraussetzungen (es geht in der Regel um gewerbliche Dienstleistungen wie Inkasso-, Lager- und Transportgeschäfte) gilt ein Schweigen eines Kaufmanns als Annahme eines Angebots.

II. Kaufmännisches Bestätigungsschreiben

Im Handelsverkehr ist es üblich, dass mündliche Abreden schriftlich bestätigt werden („Sehr geehrte Frau …, ich nehme Bezug auf das heutige Gespräch und bestätige das Zustandekommen des folgenden Vertrags: …"). Dadurch soll schnell Rechtssicherheit hergestellt werden. Widerspricht der Empfänger dem

Bestätigungsschreiben nicht unverzüglich nach dessen Zugang, kommt das Rechtsgeschäft mit dem Inhalt zustande, der sich aus dem Bestätigungsschreiben ergibt. Der Erklärungswert des Schweigens ist hier gewohnheitsrechtlich anerkannt.

Mögliche Absender bzw. Empfänger eines kaufmännischen Bestätigungsschreibens sind nach der Rechtsprechung Kaufleute im Sinne der §§1ff. HGB, aber auch Personen, die wie Kaufleute in größerem Umfang selbstständig am Rechtsverkehr teilnehmen, was insbesondere bei nicht eingetragenen Kleingewerbetreibenden, aber auch bei Freiberuflern der Fall sein kann. Damit ist der persönliche Anwendungsbereich der Grundsätze über das kaufmännische Bestätigungsschreiben beschrieben. Zudem müssen die folgenden Voraussetzungen gegeben sein (sachlicher Anwendungsbereich):

- Es muss ein rechtsgeschäftlicher Kontakt zwischen den Parteien bestanden haben.
- Es bedarf eines Bestätigungsschreibens, das sich auf diesen Kontakt bezieht und ihm zeitlich unmittelbar nachfolgt (einzelfallabhängig, ggf. bis zu zwei Wochen).
- Der Absender muss schutzwürdig sein. Dazu muss er den Willen haben, den Inhalt des Vertrags vollständig und richtig wiederzugeben.
- Der Empfänger des Schreibens darf nicht unverzüglich (vgl. §121 Abs. 1 Satz 1 BGB) widersprochen haben. Da es darum geht, recht schnell Klarheit über das Zustandekommen und den Inhalt des Vertrages zu gewinnen, sind hier strenge Anforderungen zu stellen.

Eine Irrtumsanfechtung gemäß §§119ff. BGB kommt in Betracht, nicht jedoch, wenn sich der Irrtum auf die Rechtsfolge des Schweigens bezieht. Alles andere wäre mit Sinn und Zweck des kaufmännischen Bestätigungsschreibens unvereinbar.

Weiterführende Literatur:

Hans Brox/Wolf-Dietrich Walker, Allgemeiner Teil des BGB, 48. Aufl. 2024, §8 Rn. 43ff.

Tobias Lettl, Handelsrecht, 6. Aufl. 2025, §10 Rn. 23ff. (Vertragsschluss durch Schweigen) und Rn. 39ff. (kaufmännisches Bestätigungsschreiben)

Astrid Stadler, Allgemeiner Teil des BGB, 21. Aufl. 2022, §17 Rn. 30.

§ 43 Handelsrechtliche Vollmachten

In den §§ 48–56 HGB finden sich Regelungen über die Prokura, die Handlungsvollmacht und die Ladenvollmacht.

I. Prokura, §§ 48 ff. HGB

1. Erteilung

Die Prokura kann nur vom Inhaber des Handelsgeschäfts oder von seinem gesetzlichen Vertreter und nur mittels ausdrücklicher Erklärung erteilt werden, § 48 Abs. 1 HGB.

Zwar ist eine Eintragung in das Handelsregister vorgeschrieben, § 53 Abs. 1 HGB. Sie hat aber nur deklaratorische Wirkung.

2. Umfang

Der Umfang ergibt sich aus § 49 HGB. Der Prokurist ist zu Geschäften und Rechtshandlungen ermächtigt, die der Betrieb eines Handelsgewerbes mit sich bringt. Nicht hierunter fallen Grundlagengeschäfte, die den Bestand des Unternehmens betreffen.

Die Veräußerung und Belastung von Grundstücken bedarf einer besonderen Ermächtigung, § 49 Abs. 2 HGB.

Handelt der Prokurist außerhalb des Umfangs der Prokura, handelt er als Vertreter ohne Vertretungsmacht mit den sich daraus allgemein ergebenden Folgen.

Eine Beschränkung des Umfangs der Prokura ist Dritten gegenüber – also „nach außen" – unwirksam, § 50 Abs. 1 und 2 HGB. Im Innenverhältnis (d. h. im Verhältnis zwischen dem Geschäftsherrn und dem Prokuristen) sind Beschränkungen zulässig. Verstöße hiergegen stellen Pflichtverletzungen des Prokuristen dar, die eine Schadensersatzpflicht gegenüber dem Geschäftsherrn zur Folge haben können.

3. Widerruflichkeit

Ein Widerruf ist jederzeit möglich, § 52 Abs. 1 HGB. Achtung: Solange sich der Widerruf der Prokura nicht aus dem Handelsregister ergibt, können sich Dritte auf den Fortbestand der Prokura berufen, § 15 Abs. 1 HGB.

II. Handlungsvollmacht, §§ 54 f. HGB

Die Handlungsvollmacht unterscheidet sich in mehrfacher Hinsicht von der Prokura:

1. Erteilung

Die Einschränkungen gemäß § 48 Abs. 1 HGB gelten nicht. So bedarf es etwa keiner ausdrücklichen Erteilung; es gelten also z. B. die Grundsätze über die Anscheins- und die Duldungsvollmacht.

Eine Eintragung ins Handelsregister ist nicht vorgesehen.

2. Umfang

In Betracht kommt die Erteilung einer Handlungsvollmacht auch in (sehr) beschränktem Umfang, etwa bezogen auf die Vornahme einzelner zu einem Handelsgewerbe gehörender Geschäfte (sog. Spezialhandlungsvollmacht).

3. Widerruf

Hinsichtlich des Widerrufs gelten die allgemeinen Grundsätze.

III. Ladenvollmacht, § 56 HGB

Angestellte in Läden oder Warenlagern „gelten" als zu Verkäufen und Empfangnahmen ermächtigt, die in Läden oder Warenlagern gewöhnlich geschehen. Denn natürlich geht derjenige, der einen Laden betritt, davon aus, dass die Ladenangestellten entsprechend bevollmächtigt sind. Wenn keine Vollmacht erteilt wurde oder die erteilte Vollmacht hinter dem sich aus § 56 HGB ergebenden Umfang zurückbleibt, wird der Rechtsverkehr durch eine analoge Anwendung des § 54 Abs. 3 HGB geschützt: Einen geringeren als den in § 56 HGB vorgesehenen Vollmachtsumfang muss ein Geschäftspartner nur gegen sich gelten lassen, wenn er diesen kannte oder fahrlässig nicht kannte.

Weiterführende Literatur:

Tobias Lettl, Handelsrecht, 6. Aufl. 2025, § 6

Philipp S. Fischinger/Lara Junge, Grundfälle zur handelsrechtlichen Stellvertretung, JuS 2021, 396 ff.

§ 44 Einbeziehung von AGB im unternehmerischen Rechtsverkehr

AGB, die gegenüber einem Unternehmer im Sinne des § 14 BGB – das kann, muss aber kein Kaufmann sein – verwendet werden, müssen zu ihrer wirksamen Einbeziehung in einen Vertrag zwar nicht den Anforderungen des § 305 Abs. 2 und 3 BGB genügen, § 310 Abs. 1 BGB. Es bedarf aber einer rechtsgeschäftlichen Einbeziehungsvereinbarung, wobei schlüssiges Verhalten genügt. Eine gesonderte rechtsgeschäftliche Einbeziehungsvereinbarung ist entbehrlich, wenn sich zwischen Unternehmern eine entsprechende Üblichkeit herausgebildet hat.

AGB können auch durch ein kaufmännisches Bestätigungsschreiben einbezogen werden.

Die §§ 308 Nrn. 1 und 2–9, 309 BGB (Wirksamkeit von AGB) finden keine Anwendung auf AGB, wenn sie z. B. gegenüber einem Unternehmer verwendet werden, § 310 Abs. 1 Satz 1 BGB. Ein Verstoß gegen die genannten Vorschriften hat aber dennoch (negative) Indizwirkung im Rahmen der Prüfung gemäß § 307 Abs. 1, 2 BGB (siehe § 310 Abs. 1 Satz 2 BGB).

§ 45 Kaufmännische Sorgfaltspflichten

Aus § 347 Abs. 1 HGB ergibt sich, dass je nach Lage des Falles Sorgfaltspflichten bestehen, die gegenüber denjenigen, die sich aus dem BGB ergeben, gesteigert sind. Nach dieser Vorschrift ist für die Sorgfalt eines „ordentlichen Kaufmanns" einzustehen. Abzustellen ist – objektiv – auf den jeweils branchenüblichen Maßstab.

§ 46 Handelskauf, insbesondere: Rügeobliegenheit gemäß § 377 HGB

Für den Handelskauf gelten im Grundsatz die §§ 433 ff. BGB. Allerdings finden sich in §§ 373 ff. HGB Sonderregelungen. Hervorzuheben ist die schon häufiger erwähnte Vorschrift des § 377 HGB, der Untersuchungs- und Rügeobliegenheiten zum Gegenstand hat. Das Unterlassen einer Mängelrüge kann dazu führen, dass der Käufer Mängelrechte nicht mehr geltend machen kann. Voraussetzung für die Anwendbarkeit der Vorschrift ist ein beiderseitiges Handelsgeschäft, §§ 343 f. HGB.

Der Käufer muss die Ware unverzüglich nach Ablieferung prüfen und, wenn sich ein Mangel zeigt, dem Verkäufer unverzüglich Anzeige machen, § 377 Abs. 1 HGB. Unverzüglich bedeutet bekanntlich „ohne schuldhaftes Zögern", § 121 Abs. 1 Satz 1 BGB. Das Unterlassen der Anzeige führt dazu, dass die Ware als genehmigt gilt, es sei denn, dass es sich um einen Mangel handelt, der bei der Untersuchung nicht erkennbar war, § 377 Abs. 2 HGB. Mängelrechte können also grundsätzlich nicht geltend gemacht werden.

Für einen sich später zeigenden Mangel besteht ebenfalls eine Obliegenheit zur unverzüglichen Rüge, § 377 Abs. 3 HGB.

Weiterführende Literatur:

Christian Deckenbrock/Lena Özman/Thomas Sossna, Grundfälle zur Rügeobliegenheit beim Handelskauf, JuS 2022, 487 ff. und 619 ff.

Tobias Lettl, Handelsrecht, 6. Aufl. 2025, § 12 Rn. 2 ff. (Begriff des Handelskaufs) und Rn. 49 ff. (§ 377 HGB).

Literaturverzeichnis

Adomeit, Klaus/Hähnchen, Susanne: Rechtstheorie mit Juristischer Methodenlehre, 7. Aufl., Heidelberg 2018.

Bloch, Ernst: Naturrecht und menschliche Würde, Frankfurt am Main 1961.

Brand, Oliver: Schadensersatzrecht, 3. Aufl., München 2021. https://doi.org/10.17104/9783406775710

Brox, Hans/Walker, Wolf-Dietrich: Allgemeiner Teil des BGB, 48. Aufl., München 2024. https://doi.org/10.15358/9783800673735

dies.: Besonderes Schuldrecht, 48. Aufl., München 2024. https://doi.org/10.17104/9783406810596

Bydlinski, Peter: Allgemeiner Teil des Bürgerlichen Rechts, 10. Aufl., Wien 2024.

Canaris, Claus-Wilhelm: Anmerkung zu BGH v. 7.6.1984, IX ZR 66/83, in: NJW 1984, 2281 f.

Dauner-Lieb, Barbara/Langen, Werner (Hrsg.): Nomos Kommentar BGB, Band 2, 4. Aufl., Baden-Baden 2021.

Deckenbrock, Christian/Özman, Lena/Sossna, Thomas: Grundfälle zur Rügeobliegenheit beim Handelskauf, JuS 2022, 487 ff. und 619 ff.

Diederichsen, Uwe: Auf dem Weg zur Rechtsdogmatik, in: Rechtsgeschichte und Privatrechtsdogmatik, Hrsg.: Reinhard Zimmermann, Heidelberg 1999, 65 ff.

Ebenroth/Boujong, HGB, 5. Aufl. 2024, § 1 Rn. 52.

Engisch, Karl: Einführung in das juristische Denken, 13. Aufl., Stuttgart 2024. https://doi.org/10.17433/978-3-17-044920-6

Fischinger, Philipp S./Junge, Lara: Grundfälle zur handelsrechtlichen Stellvertretung, JuS 2021, 396 ff.

Gerlach, Jens/Manzke, Simon: Kaufrecht und Werkvertragsrecht – ein systematischer Vergleich, JuS 2019, 327 ff.

Haferkamp, Hans-Peter: Das BGB, 2. Aufl., Köln 2023. https://doi.org/10.36198/9783838561196

Hart, H. L. A.: The Concept of Law, 3. Aufl., Oxford 2012. https://doi.org/10.1093/he/9780199644704.001.0001

Hau, Wolfgang/Poseck, Roman (Hrsg.): Beck'scher Online-Kommentar BGB, 73. Edition, Stand: 1.2.2025.

Hoerster, Norbert: Was ist Recht?, 2. Aufl., München 2013.

Hofmann, Hasso: Einführung in die Rechts- und Staatsphilosophie, 5. Aufl., Darmstadt 2011.

Holmes, Oliver Wendell: The Path of the Law, in: Harvard Law Review, Vol. X (1896/97), 457 f. https://doi.org/10.2307/1322028

Ipsen, Jörn: Staatsrecht II. Grundrechte, 24. Aufl., München 2021. https://doi.org/10.15358/9783800666201

Jacoby, Florian: Zivilprozessrecht, 18. Aufl., München 2022. https://doi.org/10.15358/9783800668458

Jhering, Rudolf von: Geist des römischen Rechts auf den verschiedenen Stufen seiner Entwicklung, 2. Teil, 2. Abteilung, 1. Aufl., Leipzig 1858.

Joost, Detlef/Strohn, Lutz/Poelzig, Dörte/Sander, Volker (Hrsg.): Ebenroth/Boujong, Handelsgesetzbuch, Band 1, 5. Aufl., München 2024.

Larenz, Karl: Rechtsperson und subjektives Recht, Berlin 1935.

Lettl, Tobias: Handelsrecht, 6. Aufl., München 2025. https://doi.org/10.17104/9783406821035

Lorenz, Stephan: Grundwissen: Der Vertrag mit Schutzwirkung für Dritte, JuS 2021, 817 ff.

ders.: Grundwissen – Zivilrecht: Deliktsrecht – Haftung aus § 823 I BGB, JuS 2019, 852 ff.

ders.: Grundwissen – Zivilrecht: Deliktsrecht – Haftung aus § 831 BGB, JuS 2020, 821 ff.

ders.: Grundwissen – Zivilrecht: Der Eigentumsvorbehalt, JuS 2011, 199 ff.

ders.: Grundwissen – Zivilrecht: Das Eigentümer-Besitzer-Verhältnis, JuS 2013, 495 ff.

ders.: Grundwissen – Zivilrecht: Geschäftsführung ohne Auftrag (GoA), JuS 2016, 12 ff.

ders.: Grundwissen – Zivilrecht: Haftung für den Erfüllungsgehilfen (§ 278 BGB), JuS 2007, 983 ff.

ders.: Grundwissen – Zivilrecht: Inhalt und Umfang des Bereicherungsanspruchs, JuS 2018, 937 ff.

ders.: Grundwissen – Zivilrecht: Die Sicherungsübereignung, JuS 2011, 493 ff.

ders.: Grundwissen – Zivilrecht: Stellvertretung, JuS 2010, 382 ff.

ders., Grundwissen – Zivilrecht: Unmöglichkeit – Auswirkungen auf die Gegenleistung, JuS 2022, 802 ff.

ders.: Grundwissen – Zivilrecht: Unmöglichkeit – Schadensersatz statt der Leistung, JuS 2023, 10 ff.

ders., Grundwissen – Zivilrecht: Unmöglichkeit – Voraussetzungen und unmittelbare Rechtsfolgen, JuS 2022, 394 ff.

ders.: Grundwissen – Zivilrecht: Vertretenmüssen (§ 276 BGB), JuS 2007, 611 ff.
ders., Grundwissen – Zivilrecht: Vertretung ohne Vertretungsmacht, JuS 2025, 9 ff.
ders., Grundwissen – Zivilrecht: Die Vollmacht, JuS 2010, 771 ff.
ders.: Grundwissen – Zivilrecht: Was ist eine Pflichtverletzung (§ 280 I BGB)?, JuS 2007, 213 ff.
Lorenz, Stephan/Cziupka, Johannes: Grundwissen – Zivilrecht: Bereicherungsrecht – Grundtypen der Kondiktionen, JuS 2012, 777 ff.
Lorenz, Stephan/Eichhorn, Veronika: Grundwissen – Zivilrecht: Der gutgläubige Erwerb, JuS 2017, 822 ff.
Lüke, Wolfgang: Zivilprozessrecht I, 11. Aufl., München 2020. https://doi.org/10.17104/9783406730801
Manthe, Ulrich: Geschichte des römischen Rechts, 6. Aufl., München 2019. https://doi.org/10.17104/9783406740497
Medicus, Dieter/Lorenz, Stephan: Schuldrecht II. Besonderer Teil, 18. Aufl., München 2018. https://doi.org/10.17104/9783406746215
Medicus, Dieter/Petersen, Jens: Bürgerliches Recht. Eine nach Anspruchsgrundlagen geordnete Darstellung zur Examensvorbereitung, 29. Aufl., München 2023. https://doi.org/10.15358/9783800671656
dies.: Grundwissen zum Bürgerlichen Recht, 13. Aufl., München 2024. https://doi.org/10.15358/9783800672707
Mitteis, Heinrich: Über das Naturrecht, Berlin 1948. https://doi.org/10.1515/9783112537589
Müller, Hans-Friedrich: Der Kaufmannsbegriff, JA 2021, 454 ff.
Neumann, Alexander: Die Haftung bei Verkehrsunfällen – eine Einführung, JA 2016, 167 ff.
ders.: Die römisch-rechtlichen (?) Grundlagen des Trennungs- und Abstraktionsprinzips und des dinglichen Vertrags, StudZR 2012, 443 ff.
Prütting, Hanns: Sachenrecht, 38. Aufl., München 2024. https://doi.org/10.17104/9783406783999
Radbruch, Gustav: Gesetzliches Unrecht und übergesetzliches Recht, SJZ (Süddeutsche Juristen-Zeitung) 1946, 105 ff. Erneut abgedruckt in: Gustav Radbruch, Rechtsphilosophie, Hrsg.: Ralf Dreier und Stanley L. Paulson, 2. Aufl., Heidelberg u. a. 2003, 211 ff.
Rüthers, Bernd: Die heimliche Revolution vom Rechtsstaat zum Richterstaat, 2. Aufl., Tübingen 2016.
ders.: Die unbegrenzte Auslegung, 9. Aufl., Tübingen 2022. https://doi.org/10.1628/978-3-16-163852-7
ders.: Das Ungerechte an der Gerechtigkeit, 3. Aufl., Tübingen 2009.

Rüthers, Bernd/Fischer, Christian/Birk, Axel: Rechtstheorie mit Juristischer Methodenlehre, 12. Aufl., München 2022. https://doi.org/10.17104/9783406776243
Säcker, Franz Jürgen/Rixecker, Roland/Oetker, Hartmut/Limperg, Bettina/Schubert, Claudia: Münchener Kommentar zum BGB, Band 4/1 und Band 6, 9. Aufl., München 2023/24.
Schenke, Wolf-Rüdiger: Verwaltungsprozessrecht, 18. Aufl., Heidelberg 2023.
Schmidt, Thorsten Ingo: Der Stufenbau der Rechtsordnung, JURA 2020, 896 ff. https://doi.org/10.1515/jura-2020-2434
Schröder, Jan: Recht als Wissenschaft. Geschichte der juristischen Methodenlehre in der Neuzeit (1500–1990), Band 1, 3. Aufl., München 2020.
Stadler, Astrid: Allgemeiner Teil des BGB, 21. Aufl., München 2022.
Stammler, Rudolf: Theorie der Rechtswissenschaft, 1. Aufl., Halle 1911.
Staudinger, Julius von (Begr.): Kommentar zum Bürgerlichen Gesetzbuch mit Einführungsgesetz und Nebengesetzen, Eckpfeiler des Zivilrechts, Neubearbeitung Berlin 2005.
Wagner, Gerhard: Deliktsrecht, 14. Aufl., München 2021. https://doi.org/10.15358/9783800663828
Wank, Rolf/Maties, Martin: Die Auslegung von Gesetzen, 7. Aufl., München 2023. https://doi.org/10.15358/9783800670598
Wertenbruch, Johannes: Abgabe und Zugang von Willenserklärungen, JuS 2020, 481 ff.
Wesel, Uwe: Juristische Weltkunde, 8. Aufl., Frankfurt/Main 2000.
Zippelius, Reinhold: Juristische Methodenlehre, 12. Aufl., München 2021. https://doi.org/10.17104/9783406777172

Abbildungsverzeichnis

Der Autor

Dr. Alexander Neumann ist Vorsitzender Richter am Landgericht Berlin II, Lehrbeauftragter an der Hochschule für Wirtschaft und Recht Berlin und Prüfer in beiden juristischen Examina.